現代福祉学の再構築

——古川孝順氏の「京極社会福祉学」批判に答える

京極髙宣［著］

ミネルヴァ書房

はしがき

本書はあえていえば、私の社会福祉学への反批判の形式をとった、私の研究人生最後の議論（いわば遺書）というべき性格をもっている。

わが国社会福祉学界ではよく知られているように、私の社会福祉研究の処女作は、日本社会事業大学（以下「日社大」と略す）の助教授時代の『市民参加の福祉計画』（中央法規出版、1984年）である。その第2部「福祉需給モデルと福祉計画」の第6章「共感」で、私なりの社会福祉原論を展開した。後に本文で詳しく述べるように、全体社会において福祉システムを社会のサブシステムとして位置付ける試みを初めて行ったのである。その後、社会福祉における各種のリサーチやエッセイ等の中で、社会福祉原論の素材となる部分を検討してきた。

しかし同年4月1日に、日社大から厚生省社会局社会福祉専門官として3年間「出向」することになった。主な任務は、1986年のICSW（国際社会福祉協議会）東京大会の準備作業であったが、翌年、斎藤十朗厚生大臣（当時）から保健・医療・福祉で未資格の専門職の国家資格化が提案された。私ども社会局の一丸となった努力もあって社会福祉士及び介護福祉士法（1987年）が無事成立した。私もその直前の法案作成作業に参加し、晴れて3年の任期で日社大教授に復帰した。そして、厚生行政の煩雑な業務を忘れるためもあって、社会福祉学のアカデミックな構築に向けて関心がにわかに集中した。当時は、社会福祉学は必ずしも学問分野として認められず、学位も出せない状態にあったからでもある。そこで、私は研究書として『現代福祉学の構図』（中央法規出版、1990年）を刊行し、また社会福祉のカテゴリーを体系化した『現代福祉学レキシコン』（雄山閣、1993年）を監修した。その後、社会福祉学の学位も博士（社会福祉学）などとして文科省が承認し、福祉系大学も急増したことは周知のとおりである。

私は1995年に第4代日社大学長に就任し、1年生に入門的な社会福祉概論を教えることとなった。そこで岡村重夫氏の古典的名著『社会福祉原論』（全社協、1983年）、すなわち「ソーシャルワーク原論」ともいうべき旧社会福祉原論に代わるべく、それまで暖めてきた私なりの新社会福祉原論『社会福祉学とは何か』（全社協、1995年初版、1998年改訂版）を執筆した。それは、あくまで専門書ではなく初学者のための入門書であったが、わが国の社会福祉学界では、経営論を含むほとんど初めての試みで、かなり注目を集めた。

さて日社大学長10年を経て、2005年に国立社会保障・人口問題研究所（以下、国立社人研と略す）の所長に就任した。ここでは、当時の社会保障費自然増の2000億円削減を目指した「小泉・竹中路線」を理論的かつ実証的に論破する作業に没頭し、「社会保障が日本経済の足を引っ張っている」という俗論を何とか覆すことができた（後述の拙著『社会保障と日本経済』慶應義塾大学出版会、2007年を参照）。当時は、社会福祉に関するよりも、それを包摂する社会保障全般の議論に最大の関心があった。その後5年間の国立社人研の所長任期を終え、名誉所長に就任したほか、縁あって90年の歴史をもつ社会福祉法人浴風会の理事長に就任した。そこで最も手薄な福祉経営学の研究に学問的関心が集中した。また福祉法人経営学会の初代会長となり、『社会福祉法人の経営戦略』（中央法規出版、2017年初版、2019年新版）を刊行することもできた。

以上のような経緯で、処女作からは36年間、専門書『現代福祉学の構図』から30年間、アカデミックな事典『現代福祉学レキシコン』から27年間、入門書『社会福祉学とは何か』からは四半世紀の歳月が流れた。

ところで、昨年（2019年）2月、かつての日社大の同僚、古川孝順氏が浩瀚《こうかん》な『古川孝順社会福祉学著作選集（全7巻）』（中央法規出版、2019年）を刊行された。そこで私自身が社会福祉学の理論的構築の作業から随分と遠ざかっていたことにはたと気付かされた次第である。上記古川選集における古川社会福祉学は、私の眼から見てもきわめてアカデミックなもので、少なくとも四半世紀の研究成果の賜物として私もある種の肝銘を受けた次第である。特に古川氏は戦後日本の社会福祉諸理論を丁寧に整理にして、その批判的検討から氏独自の理論を打出していたことに私はとても真似できないと感じられたからである。

しかも上記選集の第一巻「社会福祉研究の基本問題」は、他の選集のエッセンスを凝縮させた唯一の書き下ろしであり、それに対しては学問的努力に敬意を表したい。しかし短時間で書かれたこともあり、長所と共に短所もかえって目立ち、学問論としても功罪があることは一見して明らかであった。

約18年前には、私の著作集『京極髙宣著作集（全10巻）』（中央法規出版、2002～2003年）の第1巻『社会福祉学』の「解題」を、わが国行政学の構築者の西尾勝氏と共に社会福祉学の理論的体系化を試みている古川孝順氏にお願いした。ということは、私は古川氏を当時はもちろん現在も決してペダンチック（衒学的）な似非《えせ》学者とみておらず、社会福祉学体系の学問的構築に誠に真摯に取り組んでいる本物の学者と認めているからに他ならない。それだけに古川氏が約20年前から私の理論に対して静かなる闘志をもって挑戦し続け、いろいろな私のタームを借用しながら現在の古川三層構造説を打ち立てたこと自体は、学者の意地を示すものとして肯定されてよい。しかし、それにしても、後の本文で詳しく述べるように、私の政策‐経営‐臨床の社会福祉三相構造論に最も批判的であった古川氏が、今度は三層説の提唱者となっていることにはいささか驚かされた。氏の場合、「経営」は「運営」とほぼ同義で「福祉経営学はどちらかといえば政策過程の最先端を取扱う領域であって、その成立が政策過程と援助過程との内的・理論的統合の実現をもたらす」とする旧古川説を10数年後にはいつの間にか後述する三浦文夫説を上手に取り入れながら修正して、現在の古川三層構造説、すなわち政策‐経営‐援助という体系を構築したのは、いささか疑問がある。

いずれにしても、私も古川氏と同様、社会福祉研究を社会福祉学へ昇華させ、「独自の科学」(a science of its own) とすべく同じような努力をしてきたつもりだが、その内容にはかなり相違があった。むしろ、それを明確にすることが今後における社会福祉学の発展にかえって寄与すると信じ、本書を執筆した次第である。それは、古川氏を個人的に批判したり批難することが目的ではなく、あくまで社会福祉学のより一層の発展を願ってのものである。

なお、おこがましくも私がわが国社会福祉学界で先駆的に論じてきたことをアトランダムに列挙すると、以下の8点となる。

第一に、福祉サービス需給モデルをふまえた在宅福祉サービス論の展開である。[1]

第二に、福祉専門職論、特に社会福祉士及び介護福祉士と精神保健福祉士の国家資格をめぐる議論である。[2]

第三に、福祉サービスの利用者負担論である。[3]

第四に、介護保険法の基本構想並びに法案作成作業から施行へかけての政策論議である。[4]

第五に、障害者の自立支援をめぐる法案及び施策の検討である。[5]

第六に、社会福祉法人の経営論への挑戦である。[6]

第七に、社会政策・社会保障・社会福祉の区別と関連についての理論的な体系的整理をしたことである。[7]

第八に、社会福祉研究として国際比較の視点と方法を持ち込んだことである。[8]

ちなみに最後にあげた国際比較研究に関しては、本文で詳しく述べる機会がないので、ここで少しふれておこう。1960年代に、先進諸国の社会福祉がいわば「青い鳥」として紹介され、遅れているわが国社会福祉の発展にとって好例にされた。しかし1970年代に入り、わが国の社会福祉がそれなりに発展したことで、単に先進的な取り組みの好例と捉えるばかりでなく、先進諸国の社会福祉の長所・短所をふまえて、わが国の参考例として分析してみる必要が生じてきた。さらに私はそれを社会保障全般にも広げる努力をしてきたつもりである。また、それはわが国社会福祉の特殊な状況にとらわれず、国際的視野に立った普遍的な社会福祉学の構築にもそれなりに寄与したものと思われる。

この他に、やや細かいものとして福祉機器開発普及論、福祉公社論、ひとり親家庭（ワンペアレント・ファミリー）論、福祉事務所論、福祉書の書評(9)などの論考もある。これらは社会福祉学の理論的構築とは直接関係がないものの、私の社会福祉学の重要なパーツとなっていることは間違いない。

以上をふまえて、現代における社会福祉学の再構築を古川孝順社会福祉学の批判的検討を通じて、あらためて図ってみることにしよう。

2020年1月15日

社会福祉法人浴風会理事長
国立社会保障・人口問題研究所名誉所長
日本社会事業大学名誉教授
京極髙宣

注

（1）拙著『市民参加の福祉計画』中央法規出版、1984年参照。

（2）拙著『（新版）日本の福祉士制度』中央法規出版、1998年参照。

（3）拙著『福祉サービスの利用者負担』中央法規出版、2009年参照。

（4）拙著『介護保険の戦略』中央法規出版、1997年参照。また介護政策の権威者、田中滋氏は拙著『京極高宣著作集④　介護保険』（中央法規出版、2002年）の「解題」で本書に対して「介護保険制度発足にいたる議論をリードしてきた京極先生による貴重な歴史的描写の集大成」（同、478頁）と述べている。

（5）拙著『障害者自立支援法の課題』中央法規出版、2008年参照。

（6）拙著『福祉法人の経営戦略』中央法規出版、2017年初版、2019年新版参照。

（7）拙著『21世紀型社会保障の展望』法研、2001年参照。

（8）西村周三・京極高宣・金子能宏編著『社会保障の国際比較研究――制度再考に向けた学術的・政策科学的アプローチ』ミネルヴァ書房、2014年、第1章参照。なお私の国際比較研究に関しては拙稿「社会保障の国際比較研究の意義と変遷」（『週刊社会保障』2571号、2010年3月15日号）を参照。

（9）同じように文学・医学などを除き、一般的に書評数は少なく、かつ書評論は皆無に等しい。その点、私の福祉書評論は、①著書への水先案内役、②著者への励まし文、③評者にとっての実のある学習の機能をもつ書評論として本邦初の試みである（拙著『京極高宣福祉書を読む――京極高宣ブックレビュー集』ドメス出版、2014年10月参照）。

現代福祉学の再構築——古川孝順氏の「京極社会福祉学」批判に答える　目次

はしがき

第Ⅲ部　社会福祉の三相（三層）構造

序章　社会福祉学の確立のための主な要件

社会科学（一部に自然科学）の諸研究を「独自の科学」あるいは「独立した学問」（a science of its own）に高めるためには、いくつかの要件がある。私なりに考えて、社会福祉学の確立においては少なくとも次の三要件が最も重要である。

第一の要件は、当該分野の基本範疇（カテゴリー）がそれなりに抽出されていることである。社会福祉研究が社会福祉学へ昇華するには、まず社会福祉のカテゴリーが体系化されていなければならないからである。

社会福祉学にとっても、その学問体系は社会福祉カテゴリー体系の成立とまったくの表裏の関係である。例えてみると、社会福祉学という家屋での屋台骨をなすのがカテゴリー体系であり、学問体系はそうしたカテゴリーの整理によって可能となる(1)。

なお、カテゴリーとは「人間の認識過程の結節点、言い換えると人間がある物事を認識していくときにどうしても節目に当たる基本概念[2]」である。

そこで私は、監修者として『現代福祉学レキシコン』（雄山閣、1993年）を社会福祉学界の各分野の第一人者（古川孝順氏もその一人）の協力を得て、各々に執筆を依頼した次第である。その主旨を述べた「発刊の辞」を、少し長いが引用してみたい。

「社会福祉学の学問的確立が遅れてきたのは、単に社会福祉研究の量的集積が不十分であったというよりは、むしろ学問論に基づいた質的再編が遅れてきたことにあり、例えば社会福祉の専門用語、キーワードの体系的整理ができていなかったことにも一因があろう。その意味で、私はこの10年来、アカデミックな社会福祉学の事典の必要を訴え、その構想を練ってきたが、今回ようやくにして社会福祉の専門用語を学問的、体系的に整理し直し、基本概念からカテゴリーを抽出した上でその正確な定義を定め、科学的内容、歴史及び現状分析や関連領域等を盛り込んだ分野別中項目の事典『現代福祉学レキシコン』を編纂した次第である。[3]」

さて第二の要件は、学問的体系がひととおり整備されていることである。従来、わが国の社会福祉研究では、サービス対象別に児童福祉、障害福祉、老人福祉等のタテ割り分野論が成立する一方、医療福祉、司法福祉、地域福祉、国際福祉などのヨコ割り的な領域論が展開されてきた。それを総括するのが社会福祉概論(4)、社会福祉総論などであった。しかし、それは必ずしも社会福祉学の学問体系に基づく社会福祉原論といえるものではなかった。本来の社会福祉原論においては社会福祉の内的構造に基づいて、社会福祉の政策－経営－臨床の三相構造から改めて学問体系化が図られなければならないと、私は考えてきた。

さて先の『現代福祉学レキシコン』の「社会福祉学」(a study on social welfare) の定義を、私は次のように端的に述べている。

「社会福祉学は、社会福祉に関する総合的かつ実践的な学問、すなわち福祉ニーズを有する人々の生活の自立を支援する物心両面のサービスをめぐっての実践科学であり、児童、障害者、高齢者などの対象の分野各論から成り立つと同時に、政策的、経営的、臨床的領域の三つの要素から成り立つ総合的科学である(5)。」

また私が単独で執筆した『社会福祉学小辞典(第2版)』(ミネルヴァ書房、2000年)では次のように定義している。

「社会福祉に関する総合的かつ実践的な学問領域をいう。社会福祉学は、福祉ニーズを有する人々の生活の自立を支援する各種サービスの在り方をめぐる実践的な科学であり、児童、障害、高齢者などのタテわり分野から成り立つと同時に、政策、経営、臨床の三つの位相から成り立つ学際的な学問である。(6)」

ただ、ここで注意することは「実践」とか「援助」などでなく、あえて「臨床」という用語を使っていることである。その訳は、後に詳しく述べるが、医学で言うベッドサイド（bed side）という意味の臨床ではなく、利用者に直面し行うクリニカル（clinical）な行為、例えば、臨床心理学や臨床ソーシャルワークなどと同様に、ケアワークを含む対人的な援助実践と同じ内容だからである。それは政策や経営とは明らかに独立した部門を指している。

さて第三の要件は、単なる方法（手法）を超えた学問的方法論（academic methodology または scientific methodology）の確立である。それは学問的アプローチ（academic approach）とは、厳格に区別されなければならない。というのも、ヘーゲルの方法に関する古典的規定「方法とは対象の魂である」[7]に立脚すれば、学問的方法は単なる学問的接近法（アプローチ）とは異なり、対象構造から絞り出された固有の学問的エッセンスであるからである。いうまでもなく多くの科学（学問）は、独自の方法から成り立ち、その方法の妥当性を支持する方法論に支えられている。[8]とすれば、社会福祉の学問的方法はその内部構造（internal structure）に基づくものでなければならない。

なお、学術的アプローチに関しては以下のように指摘できる。

先の三相構造論からみれば、例えば福祉政策領域のアプローチに関しては政治学（行政学を含む）、法学、経済学、社会学などの知見が必要不可欠である。また福祉経営領域のアプローチに関しては、経営学、会計学、労働経済学などの知見が必要で、さらに福祉臨床領域のアプローチにおいては、医学、看護学、心理学、人間工学などの知見が必要とされる。それゆえ社会福祉学は学際的（interdisciplinary）とならざるを得ないのである。そうした構造的把握を抜きに、常識的に応用科学であるとされる社会福祉学が単に学際性を持つとだけ安直に指摘することははなはだ軽薄な議論となりかねない。

先の『現代福祉学レキシコン』の「社会福祉学」の項では上記とはニュアンスや表現が異なるが、次のように指摘しておいた。

「社会福祉学は、社会哲学をはじめとして社会学、心理学、医学などの基礎科学を基盤としつつ、保健学、教育学、行政学などの隣接領域のすべての学問的成果を組み込み、体系化されていくべき学際的科学（interdisciplinary science）、あるいは複合的科学（multi science）であるといえる。[9]」

なお念のために述べれば、学際と複合とは通常必ずしも区別されていないが、概念的には区別されなければならない。複合科学は、学際科学の意味とは異なり、例えば社会学と心理学が統括された社会心理学がそれに当たり、社会福祉学においては、家族社会学と児童福祉学が統合された児童家庭福祉論やひとり親家庭論などが該当する。

結論を先取りすれば社会福祉学の学際性と複合性とは、いわばメダルの両面なのである。したがって古川氏が主張されるような「学際性→複合性という発展プロセス」は必ずしも存在せず、むしろこの二つは社会福祉学の内部構造からくる二重の性格ではなかろうか。

なお学問的方法ではなく他の科学からの学問的アプローチにより、福祉社会学、福祉経済学、福祉心理学などの、連字符学的な福祉○○学を列挙しているだけでは、一つの独立した学問（a science of its own）にはならないことは私も古川氏と同様に考えている。[10]

以上、社会福祉学確立のための三要件を私なりに明らかにしてみた。もちろん、この他にも①社会福祉関係学術団体の存在、②社会福祉に関する研究教育機関（福祉系大学など）の成立、③社会福祉に関する学術書の蓄積なども、広い意味での社会福祉学確立の諸要件に入るだろう。

いずれにしても従来これらの諸点は、ほとんどすべての社会福祉研究者が明示的に述べてこなかったことである。そこで今回、改めて社会福祉学確立のための諸要件に関して、私なりに理論的かつ体系的に明らかにした次第である。

注

（1）京極高宣「社会福祉カテゴリーの体系」『京極高宣著作集①　社会福祉学』中央法規出版、2002年、第1部第2章参照。
（2）ローゼンターリ『カテゴリー論（上、下）』寺沢恒信・林礼二・野中昌夫共訳、青木書店、1958年参照。
（3）拙監修『現代福祉学レキシコン』雄山閣、1993年、1頁。
（4）その中では仲村優一『社会福祉概論（改訂版）』誠信書房、1991年が最も有名である。
（5）前掲『現代福祉学レキシコン』96頁。
（6）拙著『社会福祉小辞典』ミネルヴァ書房、2000年、71頁。

(7) ヘーゲル『小論理学(上)(下)』松村一人訳、岩波文庫、1978年、緒言参照。
(8) 方法論とは、①学問で利用される方法規則、前提条件などの原則についての分析、②学問で応用される手段の関発法、③特定の学問的手続き、あるいは一連の手続き(手法)として定義されている(Merriam Websterの「方法論」の項を参照)。
(9) 前掲『現代福祉学レキシコン』96頁。
(10) 拙著『現代福祉学の構図』中央法規出版、1990年、序章参照。

第Ⅰ部　全体社会における社会福祉の位置

第1章　K・ボールディング「社会システム論」の枠組み

1970年代から1980年代前半にかけて、わが国の社会福祉学界においては社会福祉の本質は政策範疇か実践範疇かという、社会福祉の内部構造をめぐる不毛の論争がまだ終焉していなかった。ところが国際的にみると、M・フリードマン等の自由主義経済学からの福祉国家批判が行われ、社会福祉に対する否定的見解が次第に顕著になっていた。したがって先の不毛な論争を安易に継承することができない切迫した時代状況になってきたといえる。[1]

そこで私は処女作『市民参加の福祉計画』（中央法規出版、1984年）の第2部第6章の「共感―福祉計画と福祉需給モデル」で、K・ボールディングの『経済学を越えて』での社会システム論を援用して、フリードマンの自由放任主義をボールディングの言葉を借りて批判してみた。その内容はおよそ次のとおりである。[2][3]

ボールディングは、「教養としての自由放任主義の政治的弱点は、部分的には、自由放任主義が、交換は社会生活の組織因子の一つのものにすぎないのだということを、そして交換がうまく作用するためには、それは、脅迫システムと統合システムの両者がともに現実主義的に考慮に入れられているような環境のなかで作用しなければならないのだということをはっきり認識しなかった点にある」[4]と述べた。

その意味内容は、第一にフリードマンらが、経済市場万能主義の過ちに陥っていること、第二に国や行政が経済市場の欠陥を補っていることを過小評価していること、などである。

そこで私は、ボールディングのいう「社会システム」（social systems）としての①脅迫システム、②交換システムの二つに、私の造語である③共感システムをあえて加えて、社会福祉（福祉システムの現代版）を上記三つの社会システムからなる全体社会のサブシステムと捉えてみた。[5]それは図1－1のような概念図で表現されている。

以上は、ボールディングの社会システム論をいくらか発展させたもので、当時、新たな問題提起としてそれなりに注目されたものである。

ここで私が加えた共感システムとは、A・スミスの方法論的個人主義[6]の立場から、「共感」（sympathy）の原理を社会を構成する社会的紐帯（ある種の社会システム）とみなしたものであった。しかしながら現時点で再考してみると、共感システムを全体社会の基底的システム

図1-1　社会システム全体における社会福祉の位置（旧概念図）

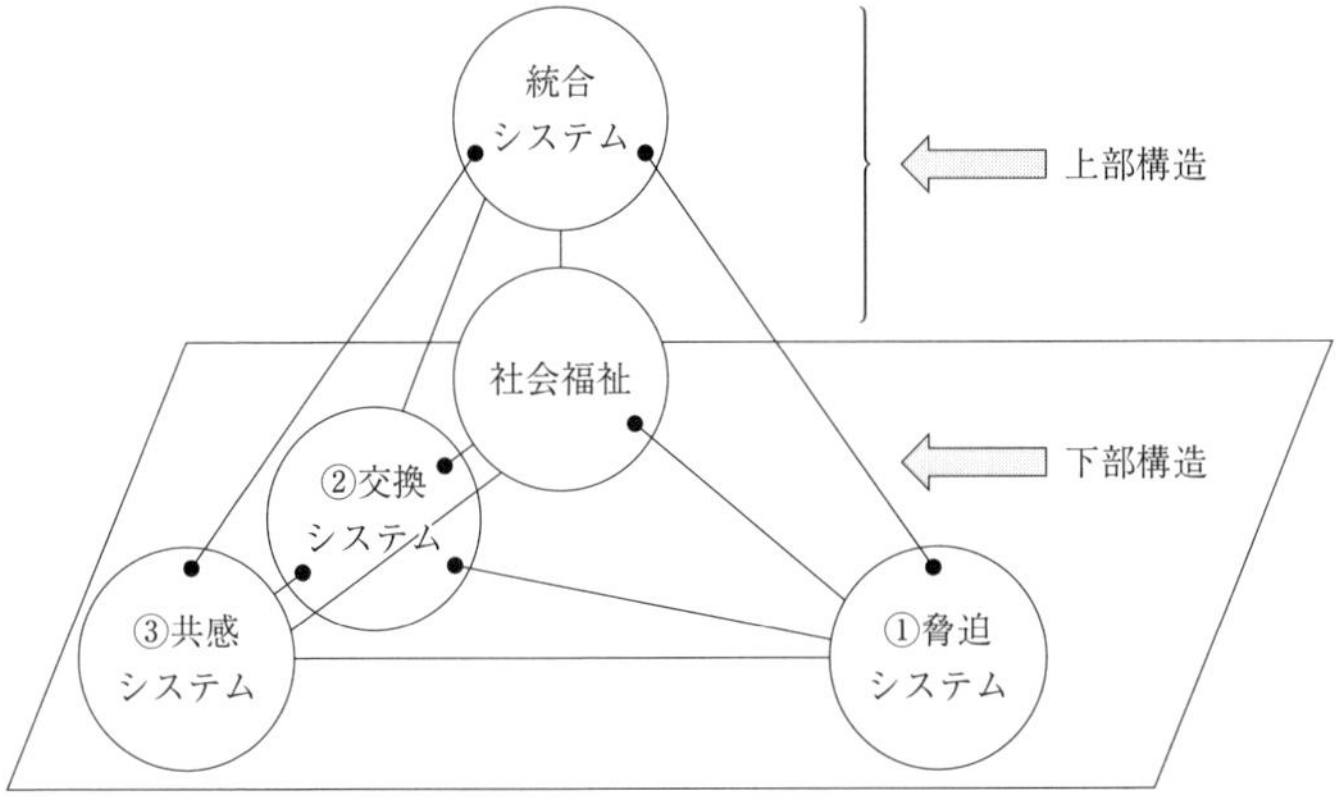

（注）各社会システムと社会福祉との具体的関係は国や時代によって相違がある。
（出典）拙著『市民参加の福祉計画』中央法規出版，第2部第6章，図6-1。

とみるべき点がかえって曖昧になった。むしろ「脅迫」「交換」と並ぶ社会システムは、社会的交換に基づく「社交」システムといった社会学的側面からみたシステムとすべきだったかもしれない。そうすると、統合システム（国家）にぶら下がる「福祉システム」は、三つの基本的な社会システム、すなわち、①脅迫システム、②交換システム、③社交システムに支えられたサブシステムとなる。これら三つの基本的社会システムを端的に①政治システム、②経済システム、③狭義の社会システムとも呼ぶことができ、各々は政治学、経済学、社会学の主たる対象となっている。

さらに、この基底的な共感システムがサブシステムとしての福祉システムを下支えしている

図1‐2　社会システム全体における福祉システムの位置づけ（新概念図）

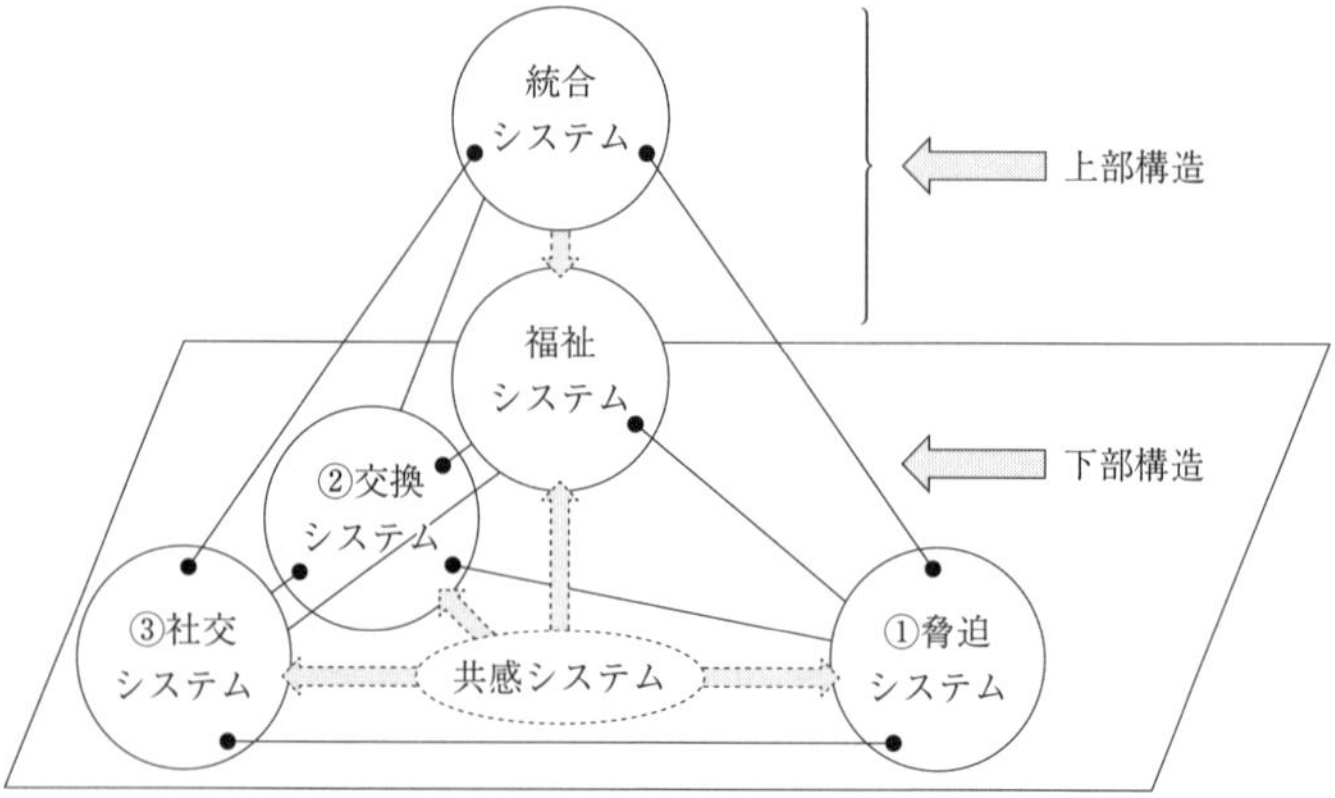

（注）各社会システムと福祉システムとの具体的関係は国や時代によって相違がある。
（出典）前掲『市民参加の福祉計画』第2部第6章，図6‐1を大幅修正。

とみることができる。

そこで私は旧説の一部を修正して、今日は次の図1‐2のような概念図を考えている。

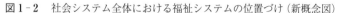

歴史を振り返ると、この福祉システムの現代版がいうまでもなく社会福祉のことである。

ここでK・マルクスの唯物史観に基づく全体社会の発展プロセスを想定してみたい。マルクスが経済構造からみた全体社会の歴史的型[7]（いわゆる「経済的社会構成体」）を中心に、(1)原始共同体（アジア的生産様式）、(2)奴隷制社会（ギリシャ・ローマ的古典的生産様式）、(3)封建制社会（ゲルマン的生産様式）、(4)資本制社会（近代ブルジョア的生産様式）という発展時系列を描いたことは夙《つと》に知られている。そして将来的には(4)を乗り越えた(5)共産主義社会を展望していたとされている。

ここで改めて、私なりに社会構成体の歴史的変遷を先の三つの社会システムと関連付けると、以下のように整理できる。

上記の(1)では社交システム（互助や互酬性などを含む）が中軸となり、(2)及び(3)では脅迫システムが中軸となり、(4)では交換システムが中軸となることを示している。この後の将来にマルクスらの予想のように共産主義社会が生まれるとしたら、社交システムを中軸とした新たな共感システムに支えられた新しい福祉社会となるだろう。しかし、これらは全体社会で支配的な基本的社会システムが何かを表すだけで、他の社会システムの併存を否定するものでは決してない。当時の私は、マルクスよりもボールディングのニュートラルな社会システム論の方を重視して、福祉システムが各段階の中軸システムに支配されながらも基底的社会システムである共感システムに下支えされているものとみている。この点は、繰り返しになるが、今回私が処女作としての『市民参加の福祉計画』（中央法規出版、１９８４年）における旧説を反省しつつ一部修正したものである。

なお、古川孝順氏の一連の労作[8]を高く評価している池田敬正氏がわが国の社会福祉学界の至宝ともいうべき『現代社会福祉の基礎構造』[9]を著わしているが、私とほぼ同様の歴史観を述べており、別の機会があれば検討してみたい。また社会福祉の歴史における経済社会と社会思想のより具体的関係については、さしあたり吉田久一『現代社会事業史研究』（勁草書房、1979年）及び最後の遺作『日本社会事業思想小史』（勁草書房、2015年）を参照されたい。

注

（1）古川孝順『古川孝順社会福祉学著作選集①　社会福祉学の基本問題』（中央法規出版、2019年）の第3部「社会福祉学の争点」を参照。

（2）K・ボールディング『経済学を越えて』公文俊平監訳、学習研究社、1980年、71頁。

（3）前掲『市民参加の福祉計画』第2部第6章の1。

（4）前掲『経済学を越えて』71頁。

（5）前掲『市民参加の福祉計画』71頁の図6-1。

（6）方法論的個人主義（methodological individualism）。例えば、M・ウェーバーの理論社会学のように、社会の分析の単位を主として個人に求めるアプローチ。方法論的社会主義の反対概念。エゴ的な個人主義的思想とは区別されるもの。

（7）マルクスの唯物史観による全体社会の歴史型を表す用語、原語（独語表記）ではゲゼルシャフト・フォールマチョン（Gesellschafts Formation）という。この概念をめぐるマルクス主義内部の論争には長い歴史がある。ラ・パンセ編集委員会編『史的唯物論と社会構成体論争』大枝秀一訳、大月書店、1

973年ほか、北村寧「〝社会構成体〟概念に関する一試論」『社会学評論』第20巻4号、1970年等を参照。

(8) 古川孝順『古川孝順社会福祉学著作選集（全7巻）』中央法規出版、2019年、参照。

(9) 池田敬正『現代社会福祉の基礎構造——福祉実践の歴史理論』法律文化社、1999年、参照。本書では、池田氏は私の旧説とやや類似した理論を展開している。第一に、私が「福祉システム」と呼ぶものを「福祉」として位置づけ、私と同様にその現代版を社会福祉とみていること。第二に、私が社会の基底に捉えている「共感システム」を愛他理念に基づく「社会共同」と呼び、歴史貫通的概念として、それをベースにその歴史的変形を様々に認識していること。第三に、社会構成体を基本的社会システムの支配から捉えている。しかし私も主張している、①社交システム（または古くは共感システム）の支配する原始共同体、②脅迫システムの支配する奴隷制・封建制社会、③交換システムの支配する自由主義的資本制社会、④新たな社交システム（または共感システム）の支配する共産主義社会のマルクス流の五段階論において、池田氏は②→③→④（ただしマルクスと異なり21世紀福祉社会の意）の四段階論を唱えている。しかし残念ながら、当面のわが国の政策目標である「共生社会」は社会構成体ではない。また考え方の源泉、アイディアの原典は一切明らかにされていない。

第2章　古川孝順「社会システム論」の枠組み

周知のごとく古川孝順氏は、日本社会福祉学会の会長を務めたことのあるわが国社会福祉学界の一大重鎮であり、ここ20年来、特に社会福祉理論領域で最も精力的に論陣を張ってきた学者である。

全体社会における社会福祉の位置付けに関しては、ボールディング等の社会システム論とはほとんど無関係に、古川氏独自のユニークな総体社会のシステム構成（いわゆる社会システム論）[1]から、私とほぼ同様に福祉システムをサブシステムとして捉えている。しかも古川氏の福祉システムは、生活システムの一環（生活支援システム）として捉え、次のようなユニークな体系化を行っているところが特徴である（図2－1参照）。

図2－1に関して、古川氏は「これまで社会の全体、すなわち総体社会を四通りの位相、すなわち共生（共存）システムとしての共同社会、経済（市場）システムとしての資本主義

図2－1　総体社会のシステム構成

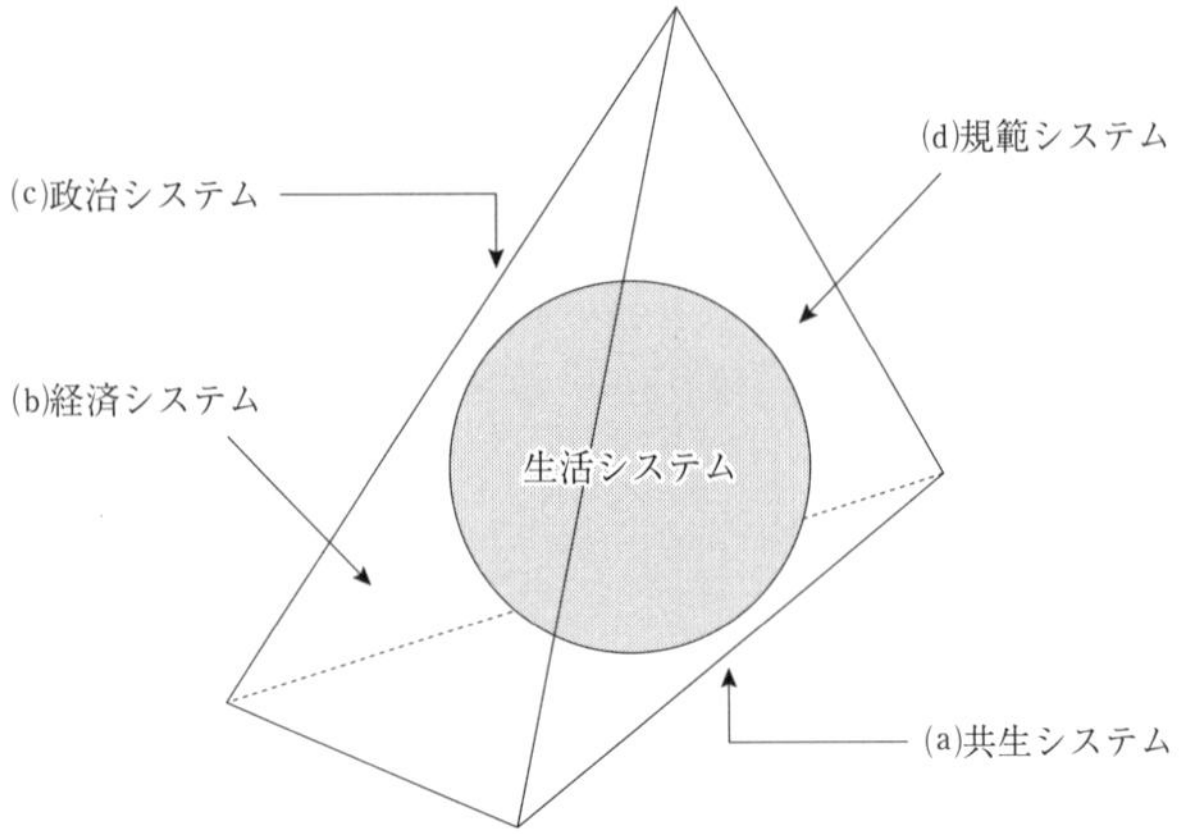

（出典）古川孝順『古川孝順社会福祉学著作選集（第1巻）社会福祉学の基本問題』中央法規出版，2019年，16頁。

社会、政治（権力）システムとしての市民社会、規範（価値）システムとしての文化社会という位相からなる社会として位置付けてきた[2]」と述べている。

ただ位相の名称と実態について古川氏は、私どもが理解する従来の社会科学の常識から逸脱した不可解な表現をとっているので、このことについてはじめに正確さを期しておきたい。

第一に、古川氏は「総体社会」を「社会構成体」と同一視しているようにみえる。しかしすでにみたマルクスの見解は、総体社会の歴史的型（「経済的社会構成体」“Die ökonomish sciale Struktur（die ökonomish Geselschaftsformation）”）と位置付け、それは単なる全体社

会とは区別された総体社会の歴史的型の意である。(3)

第二に、古川氏は「市民社会」を政治（権力）システムと見ている。しかし、それは古川氏のかなり独断的な規定である。(4) というのは、市民社会（civil society）の概念はヘーゲル（W. Hegel）の『法の哲学（Grundlinien der Philosophie des Rechts）』（１８２１年）からマルクス（K. Marx）の『資本論（Das Kapital）』（初版、１８６７年）まで、資本制社会を示す経済システム的な概念であるからである。

第三に、規範システムの導入は、古川氏のオリジナルの問題提起である。しかも、氏のいう規範システムの内容ははなはだ曖昧である。例えば「社会正義」にしても、「福祉理念」にしても、①慣習、②法、③道徳といった三大社会規範の一つに準ずるもの（道徳に準ずるもの）であるが、はたして規範システムといえるかどうか。古川氏は例えば福祉理念に関して生存権、ノーマライゼーション、社会的包摂、自立支援などを総括して規範システムとみているのかもしれない。(5) しかし、このような無造作な羅列をもって社会システムであるとはいいがたい。しかもこうした規範システムが、氏のいう(a)共生システム、(b)経済システム、(c)政治システムと同時に並ぶ社会システムといえるかどうかはまったくもって疑問である。(6)

第四に、総体社会の基底社会としての、(a)共生システムという捉え方は、(7) 古川氏の池田敬正氏等からの借り物であるとしても誤っている。共生システムは、共生社会にも置き換えられる超歴史的概念とされている。はたしてそうであろうか。共生社会は原始共同体や将来の共産社会の在り方ではなく、まさにわが国の21世紀の社会目標であり、ゆえに氏の位置付けは時代錯誤といわれてもしかたがない。いわゆる共生社会はきわめて今日的概念であり、古川氏のように総体社会のなかに非歴史的概念として、はじめから位置付けることはできないのではなかろうか。それは、今日の日本社会にとってこその目標概念であって、歴史構造的な実体概念（いわば社会構成体）ではないはずである。

その点は共生社会ではなく、私のいう共感システム（sympathic system）と呼ぶ方がニュートラルではないかと思われる。いずれにしても、①政治システム、②経済システム、③狭義の社会システムという基本的な社会システムから総体社会が構成され、そのサブシステムとしての福祉システムを把え、基底的な社会システムとしての共感システムがそれを下支えをしているとみることが、ごく自然の社会観ではなかろうか。

なお、共感システムは、様々な社会構成体の中で内容も変化しているもので、将来の社会の方向として、「共生社会」のベースとなるものである。以上の古川氏による総体社会のシステム構成を現代社会の四つの位相に置き換えたものが図２－２である。

図2-2　総体社会の四つの位相

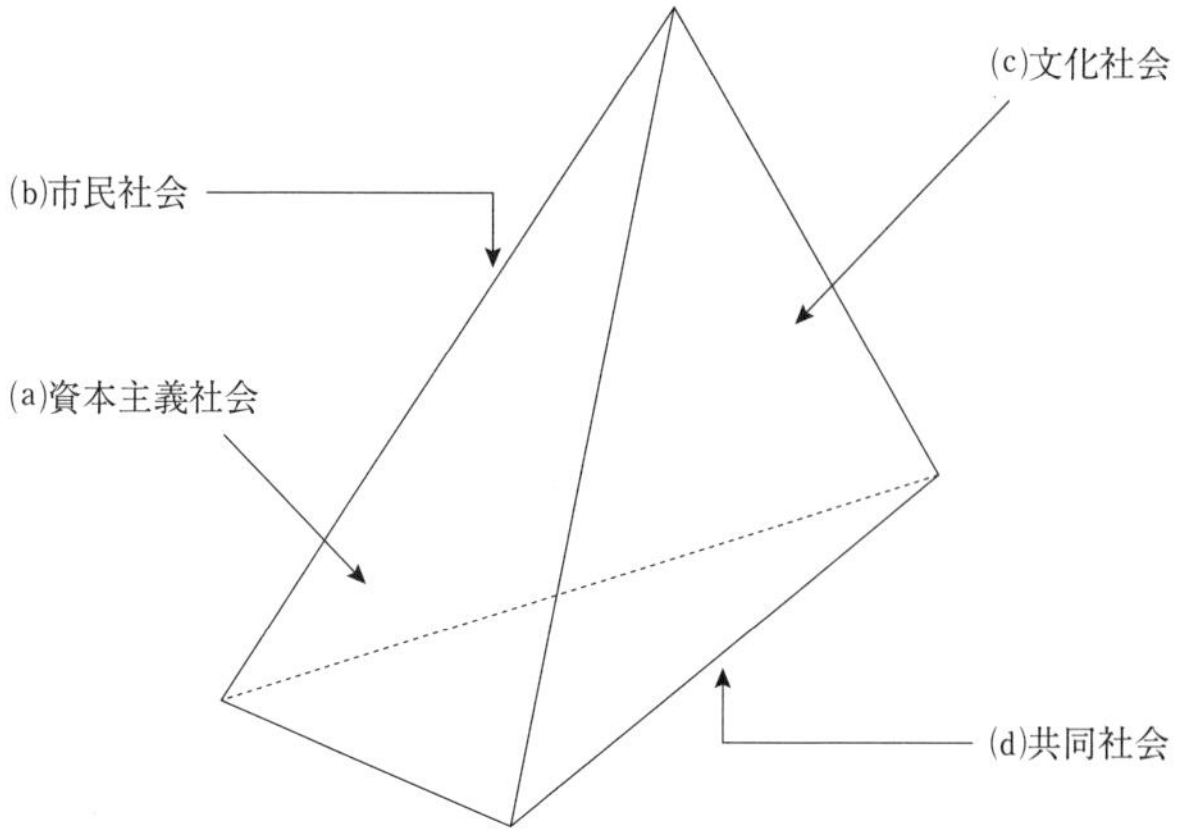

（出典）古川孝順『社会福祉原論』誠信書房，2003年，49頁。

ここでは、まず規範システムが(c)文化社会に置き換わり、経済システムが(a)資本主義社会に置き換わり、政治システムが(b)市民社会に置き換わり、共生システムが(d)共同社会に置き換わっている。問題は、既に述べたように総体社会の基底構造という「共同社会」である。ちなみにこれは、池田敬正氏の施策統合説を踏まえての見解のようである(8)。

しかし、いずれにしても古川説の総体社会の(a)〜(d)の四位相というのは、複雑な社会福祉を理解する多面的社会観ではあるものの、モザイク模様の奇怪な社会像であり、社会科学（政治学、経済学、社会学等）の常識からみても、きわめて不可解なものといえよう。それは古川氏のオリジナルな社会像の想像範囲を超えたミステリアスな社会像となっている。[9]

特に総体社会の基底的システムとして共生システム（ないし共同社会）を捉えることは、マルクスの見解を引くまでもなく、それがいつの時代にも存在するものとする非歴史的な社会観ではあるまいか。経済システムの歴史的型を社会構成体と捉えるマルクスの立場であれば、原始共同体や将来の共産主義社会が福祉社会とは混同しないはずであるからである。

以上、古川説の社会福祉学のマクロ環境としての総体社会の四位相に関しては、従来の社会科学において、とかく経済システムを基底としてのみ把え、社会福祉（福祉システムの現代版）を段階論的に把握する狭隘さ（いわゆる宇野経済学的シェーマ）をたしかに乗り越えてはいるものの、はなはだ曖昧で思いつき的であり、そもそも学問的議論に耐えられるレベルのものではないように思われる。

注

（1）社会システム（social systems）とは、社会的に相互に作用しあう要素の集合をさすが、その定義をめぐっては諸説ある。公文俊平『社会システム論』日本経済新聞社、1978年参照。M・ウェーバーの影響を受けたT・パーソンズ（主著『社会構造とパーソナリティ』武田良三監訳、新泉社、1973年）やシステム思考に基づくN・ルーマン（『社会システム理論（上、下）』佐藤勉監訳、恒星社厚生閣、

1993年及び1995年）などが著名である。
（2）『古川孝順社会福祉学著作選集①　社会福祉学の基本問題』中央法規出版，2019年，17頁。
（3）マルクス史的唯物論のキータームである「社会構成体」をめぐっては，既に前章（注6）でふれたように様々な論争がある。
（4）ただし仮説的に述べれば，古川氏の見解は松下圭一氏の『現代政治の基礎理論』東京大学出版会，1995年の「市民社会」論が下敷きとなっているのかもしれない。
（5）わが国社会福祉学界では福祉理念として，生存権，ノーマライゼーション，社会的包摂，自立支援などを並列的に捉える安直な傾向がある。
（6）北欧の法哲学者，T・エックホフは規範概念について次のように述べている。「〝規範〟という用語は多義的である。この用語は，哲学的・社会科学的専門書によく出てくるけれども，そこではいろいろな定義づけと用途で使用されている」（T・エックホフ／N・K・ズンドビー『法システム――法理論へのアプローチ』都築廣巳・野口和義・服部高宏・松村格訳，ミネルヴァ書房，1997年，39頁）。上記の共著は「システム理論に基づく法理論入門書」（訳者のあとがき）であり，古川氏と異なり厳密な意味で社会規範の代表の一つである「法」に関して，社会システムの一つとして多様な分析をしている。
（7）おそらく池田敬正『現代社会福祉の基礎構造――福祉実践の歴史理論』法律文化社，1999年，268頁を参考にしているかもしれない。
（8）池田敬正，前掲書，7～9頁。
（9）わが国の社会科学者で古川氏のような社会像を描く者はおそらく一人もいないし今後も一人もでてこないように思われる。

第Ⅱ部　社会政策における社会福祉の位置

第3章　社会政策・社会保障・社会福祉の区別と関連

（1）　社会政策と社会福祉

これまで、社会福祉の全体社会（総体社会とほぼ同義）に占める位置付けに関して、私の見解を古川孝順氏の見解と比較して述べてきた。

次なる課題は、全体社会のうち社会福祉と最も密接不可分な関係にある社会政策や社会保障をとりあげ、それらと社会福祉の関係を明らかにすることである。

わが国では、１９７０年代まで社会政策と社会保障と社会福祉（社会サービス実践）の三つの次元が必ずしも明確に区別されず、しばしば混同されてきた。例えば社会福祉学界でも、社会政策と社会事業（あるいは社会福祉）との区別、社会政策と社会保障との区別、社会保障と社会福祉の区別などが学界の諸論争の種となり、必ずしも決着がつけられずにきた(1)。そのため、社会福祉のいわば外的位置付けが曖昧にならざるを得なかったといえる(2)。

図３－１　社会福祉の社会政策上における位置付け（概念図）

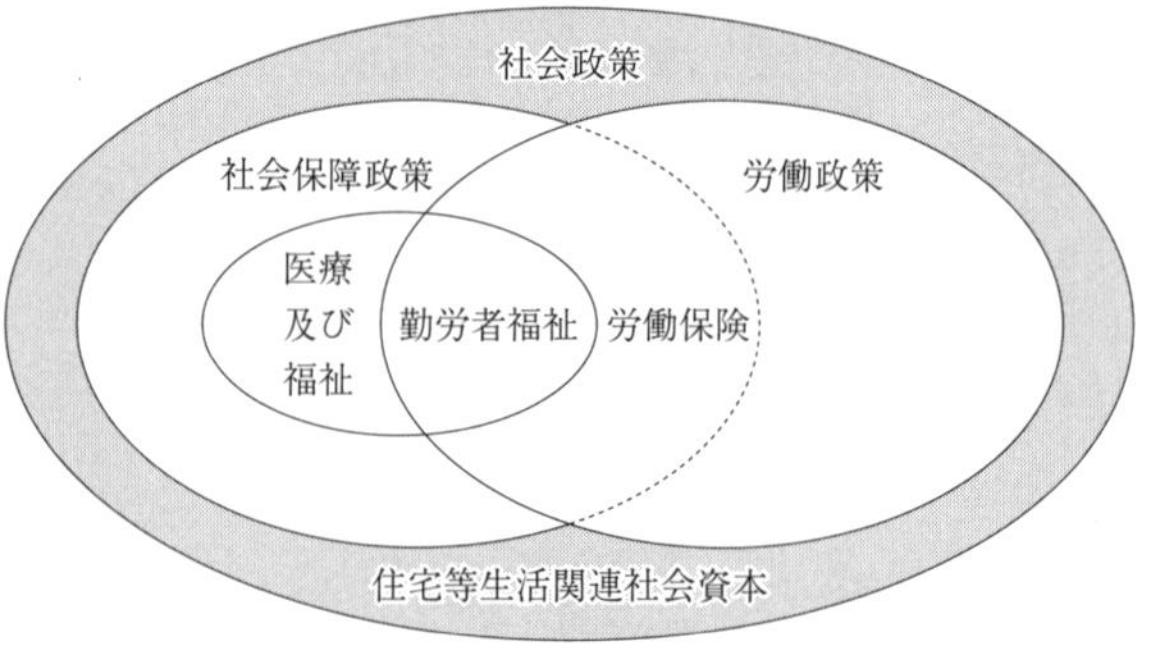

（出典）拙著『21世紀型社会保障の展望』法研，2001年，102頁の図を一部修正。

そこで私は、まず各々の守備範囲（いわゆる外延extension）を図３－１のように整理している。この図そのものは、１９８０年代後半にすでに措定したものである。ちなみに政策主体、政策対象、政策方法の３区分（トリアーデ）でみると、社会政策は社会国家（主体）による社会問題（対象）に対する対応（方法）として捉えることができる。[3] そして、今日の福祉国家（主体）においては、社会問題のうち生活困難を主とする生活問題（福祉問題）を対象として制度的対応（方法）を行うものが社会福祉であるといえる。

そこで図３－１のように、外延（extension）としての社会政策に対し、その内包（connotation）として社会保障（政策）や労働政策が位置付けられ、さらに社会保障の内部に対人社会サービスの一環とし

図3-2　社会福祉領域と実践位相の関連

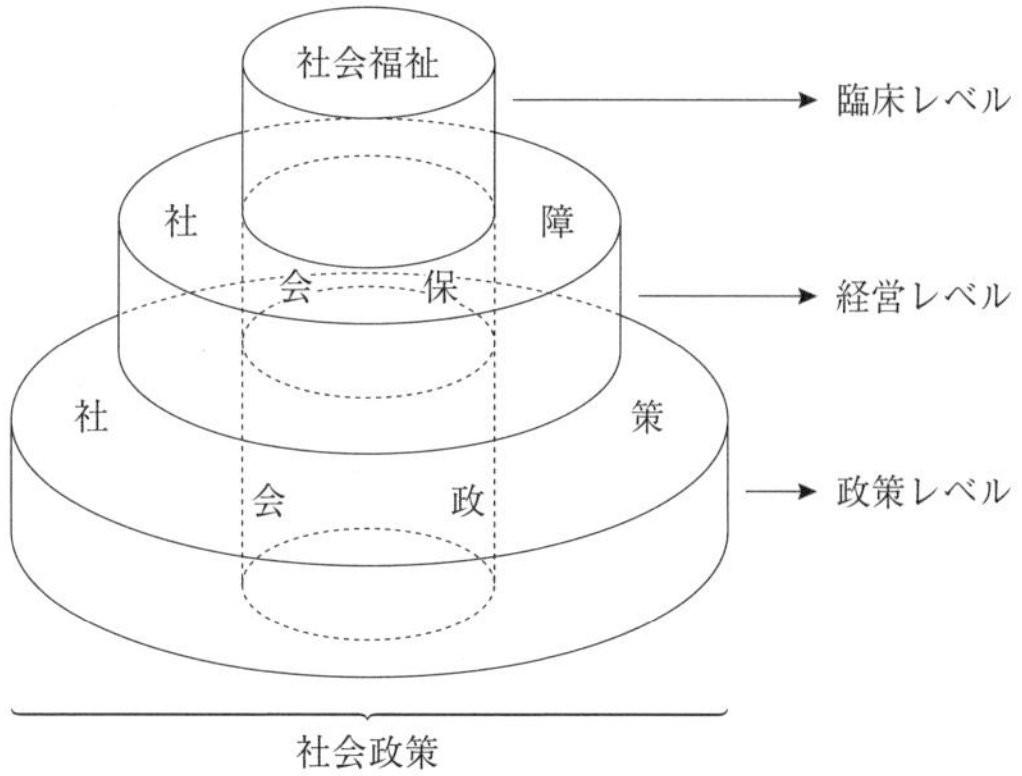

（注）上記円筒部分が社会福祉を示す。
（出典）拙著『（改訂）社会福祉学とは何か』全社協，1998年，第1章の図1-6を一部修正。

ての福祉サービス（社会福祉）や医療サービスが占めているとみることができる。

(2) 社会福祉の実践位相

ここで社会福祉の実践位相を改めて示せば、図3-2のようになる。すなわち、社会政策は政策レベル（ないし施策レベル）で対応するが、社会保障は給付と負担の関係を中心に経営レベルを課題とし、社会福祉は臨床レベルまでを含めた三重の実践位相となる。

以上を踏まえると、私のオリジナルな問題提起である社会福祉の三相構造（福祉政策－福祉経営－福祉臨床）が容易に理解できるであろう。[4]

なお社会保障体系における内部要素では、

表3－1　日本における社会保障体系（マトリックス概念図）

	社会扶助（social assistances）		Ⅲ社会保険（social insurance）
	Ⅰ公的扶助（public assistances）	Ⅱその他（other public services）	
所得保障（income maintenance）	生活保護（生活扶助等）	（保護雇用）	老齢年金 雇用保険 労災保険 障害年金
医療保障（medical care）	生活保護（医療扶助）	公的医療 公衆衛生	医療保険 労災保険
介護・福祉（health and personal social service）	生活保護（介護扶助）	福祉サービス	介護保険

（出典）拙著『（研究ノート）新しい社会保障の理論を求めて』社会保険研究所，2008年，の研究ノートⅣの表1（92頁）を若干修正。

表3－1のようなマトリックスに基づいて、社会保障体系が再構築されなければならない。その上で社会福祉領域を定めると、それはメッシュ部分を示している。生活扶助等の公的扶助（生活保護）を含む社会扶助及び年金などの社会保険は所得保障のための社会保障方法の二大メインである。そこで公的医療及び医療保険などの医療保障は所得保障のサブメインとなる。

このマトリックス概念図は私のオリジナルな整理であり、古くは社会保障体系の再構築のために作成された。介護分野が社会扶助（介護扶助）から社会保険（介護保険）に歴史的に転換したことをみるうえで、きわめて分かりやすいものとなっていよう。[5]

以上、私なりに十数年の歳月をかけた結果、社会福祉と社会保障、社会福祉と社会政策の関係を比較的分かりやすく整理できた次第である。

なお社会福祉は、広義にはＮＰＯの福祉活動やボランティア等非政府的な領域を含めるもので、必ずしも社会政策や社会保障の範囲にとらわれない広がりを持つことに注意を要する。それは後述するように福祉臨床領域とも密接に絡んでいる。

注

(1) 古川孝順『古川孝順社会福祉学著作選集（第1巻）』中央法規出版、２０１９年、第3章第2節。

(2) その遠因は、例えば社会保障の分野（年金・医療・福祉等）と手法（社会扶助と社会保険）との混乱がみられる昭和25年（１９５０年）の社会保障審議会（会長＝大内兵衛）の勧告に遡る。拙稿「昭和二五年勧告の問題点」（拙著『21世紀型社会保障の展望』法研、２００１年、第2章「社会保障体系の再構築を目指して」所収）参照。

(3) 拙著『(研究ノート) 新しい社会保障の理論を求めて』社会保険研究所、２００８年の研究ノートⅡ「社会保障と福祉国家」を参照。

(4) 図３-２の円筒部分（三次元）が社会福祉を示す。（出典）拙著『(改訂) 社会福祉学とは何か』全社協、１９９８年、第1章の図６-１を一部修正。

(5) 拙稿「社会保障体系の再構築を目指して」拙著『21世紀型社会保障の展望』法研、２００１年、第2章所収。

第4章　古川L字型社会福祉構造説——その問題点

（1）京極社会福祉三相構造論への反批判

本章では、古川孝順氏によるユニークなL字型社会福祉構造説について概観し、その長所と短所を明らかにする。が、その前に第3章で触れた私の社会福祉三相構造論に対する古川氏の批判を見ておこう。

まず氏は労作『社会福祉学序説』（有斐閣、1994年）において、私の問題提起を評価しつつ次のような指摘をしていた。少し長いが引用してみる。

「政策過程と援助過程〔私のいう臨床領域―引用者〕との接点を固有な研究領域とする福祉経営学という範疇を立ててみても、それによって直ちに政策過程と援助過程との内在的な統合が可能ということにはならないだろう。たしかに社会福祉の機関や施設は、社会福祉の政策過程と援助過程とが正面からぶつかりあい、切り結ぶ場所である。これをどのように経営するかは社会福祉の要諦であり、十分に独立した研究の領域を構成しうる。しかしながら、（中略）福祉経営学は、どちらかといえば政策過程の最先端部分〔傍点は引用者〕を取り扱う領域であって、その成立が政策過程と援助過程との内在的・理論的統合の実現をもたらすことにはならないであろう。[1]」

それに対して私は次のように反論した。

「右の指摘には筆者も十分に傾聴する内容が含まれているが、私見に関する二重の意味の誤解があることはここで明らかにしておかなければならない。

第一の誤解というのは、私のいう福祉経営学の概念が英米流のソーシャル・アドミニストレーションの意味ではなく、むしろビジネス・マネジメントのそれであること、例えば三浦文夫氏の福祉経営（福祉運営管理）よりも狭義の概念であることである。

第二の誤解というものは、私は福祉経営学をもって政策過程と援助過程の内在的・理論的統合をはかろうとはまったく考えていないのであって、むしろ両者の理論的分担のうえで、両者と密接に関連しつつも、相対的独立の中間領域として福祉経営学を考えていることである。(2)」

この二つの誤解を確認した上で、私は誤解を生じさせた理由として次のように指摘した。

「わが国社会福祉学界において福祉経営の視点が全般的に欠如していたことが最大の原因ではないかと思われる。さらに分析を深めていくと、（中略）そうした視点の欠如がわが国の社会福祉制度が特殊な行政処分によって公的責任の実現をはかるという福祉措置制度に依存してきたことに起因しており、そこから社会福祉の事業経営が措置費の予算消化過程〔古川氏の表現では「政策過程の最先端部分」〕としてのみ把握されてきたこととけっして無縁ではないのである。(3)」

その後、古川氏は反省してか、次のようなコメントを出している。

「この著者の社会福祉学の枠組みについては、その大筋において同意する。筆者の用語でいえば、著者の政策、経営、臨床に相当する概念は政策システム、運営システム、援助システムである。[4]」

ここでは古川氏はかつての自説を引っ込めたようにみえる。

ただ、ここで注意を払いたいのは、氏の運営システムは先の指摘と異なり政策からは相談援助が分離されているものの、必ずしも私のいう経営概念ではないことである。後で分かるように古川氏のそれは端的には制度運営を意味しているのである。

さらに古川氏は、私の社会福祉三相構造に関して2点の批判を加えている。すなわち第1点として「経営」概念に代えて「運営」概念を採用すべきこと、第2点として「臨床」という用語の使い方への疑問である。

これについてはすでに少しふれたが、上記2点については、古川氏の主張を少し詳しくみてみよう。まず、第1点に関して古川氏は次のように述べている。

「筆者〔古川氏の意―引用者〕は、この部分について「運営」という用語をあてはめている。広くなりすぎる懸念はあるが、社会福祉の行政と呼ばれる部分を含め社会福祉というシステムを駆動させる組織や過程の全体を視野に入れた議論がより有効であろう。[5]」

ここでも、私のいう「経営」がソーシャル・アドミニストレーションのそれでなく、ビジネス・マネジメントシステムのそれであるとの繰り返しの指摘が必ずしも理解されていないことが示されている。また外見的には、「経営」は政策と援助から独立して表現されているのに対し、内容的に三浦文夫氏の「社会福祉経営」と同様である古川説の「運営」は行政を含めた政策概念の末端に位置付けられている。ということは、古川氏の「運営」は基本的には政策範疇に属することになる。

また「臨床」概念については、次のように批判的である。

「まず、社会福祉の援助に関する議論の中では、臨床という用語が用いられる例があまりない。クリニカル・ケースワークという用語例はあるが、かなり限定的である。（中略）臨床という用語それ自体が援助領域の議論と噛み合わないという問題があるのではないか。さらに、臨床という用語を用いるとしてもコミュニティワーク、ソーシャルアクションなどもその範疇に入るのであろうか。[6]」

ここでも、私の「臨床」概念が利用者（クライエント）と援助者（ワーカー）のフェイス・ツー・フェイスの対人援助関係を中核にするもので、狭義のクリニカルな概念ではないことが理解されていない。援助過程はしばしば運営と接する関係上、経営概念から切り離す意味で「臨床」とあえて呼んでみたもので、コミュニティワークもソーシャルアクションなども利用者との関係性からはむしろ広い意味では臨床領域に属するものなのである。

以上、古川氏の2点の疑問に私なりに答えてみたが、問題は「経営」にせよ「臨床」にせよ単なる表現上のものではなく、古川氏と私の間に存する社会福祉の内部構造の捉え方の違いに起因するのではあるまいか。

（2）古川L字型社会福祉構造説

さて古川氏は、先の社会福祉のマクロ環境（総体社会における福祉システムの位置）を踏まえて社会福祉の内部構造（イントラシステム）を提出している（図4-1参照）。

古川氏によれば、このL字型構造は「社会的生活支援施策群と社会福祉との関係を分析する枠組」として次のように説明されている。

図4-1　L字型社会福祉構造

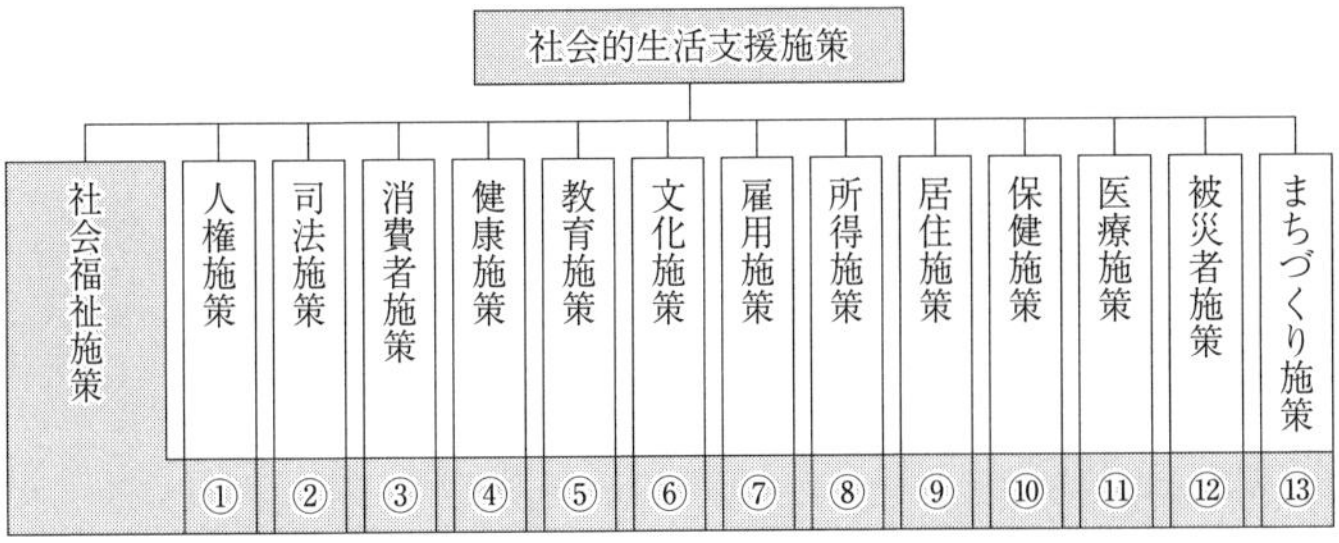

※横棒部分の例示
①人権生活支援＝被差別支援／虐待支援／権利擁護／法律扶助
②司法生活支援＝司法福祉／更生保護／家事調停
③消費者生活支援＝高齢者・未成年消費者支援
④健康生活支援＝健康相談／高齢者スポーツ／障害者スポーツ
⑤教育生活支援＝障害児支援／病児支援／学習支援／スクールソーシャルワーク／教育扶助
⑥文化生活支援＝児童文化支援／障害者文化支援／福祉文化支援／レクリエーションワーク
⑦雇用生活支援＝高齢者・障害者・母子・若年者・ホームレス就労支援
⑧所得生活支援＝生活保護／児童手当／児童扶養手当／特別児童扶養手当
⑨居住生活支援＝低所得者住宅／高齢者・障害者・母子住宅／ケア付き住宅／住宅改良
⑩保健生活支援＝育児相談／妊産婦相談／精神保健福祉相談／難病相談
⑪医療生活支援＝低所得者医療／医療扶助／医療ソーシャルワーク／精神保健福祉
⑫被災者生活支援＝災害時要援護者支援／生活再建／生活相談／災害ボランティア活動／コミュニティ再生
⑬まちづくり生活支援＝福祉のまちづくり／つながり支援／社会参加支援／ユニバーサルデザイン

（出典）『古川孝順社会福祉学著作選集（第1巻）』（中央法規出版，2019年）第1章20頁。

「左端の社会福祉施策を意味する縦棒部分と下部の水平に他の施策群と交錯する横棒の部分から構成される社会福祉のL字型構造は、社会福祉の外部環境を構成する社会福祉以外の社会的生活支援施策、すなわち一般生活支援施策と社会福祉施策との関係を吟味し、社会福祉の固有の性格を抽出し、規定するために準備した枠組である。[7]」

しかし問題はそうした枠組みが有効か否かであろう。私としては、ここで最小限2点の疑義を提出したい。

第一は、社会福祉施策を除く他の多くの社会的生活支援施策が社会福祉と関連があることはもちろんだが、通常の社会福祉といわれるものは他の社会制度として相対的に区別されていることである。生活支援施策が生活支援機能をもつことから、社会福祉施策との連携があるとしても、それは原則的には狭義の社会福祉には属さないものではなかろうか。古川L字型社会福祉構造の下部の横棒部分は、少なくともわが国では通常は社会福祉とはいえない他の社会制度として位置づけられている。

したがって社会福祉構造はL字型でなく、タテのI型なのである。

第二は、社会福祉施策を除くその他の多くの社会的生活支援施策について、古川氏にあっては社会保障の存在がまったく不問にされていることである。そもそも古川氏の社会福祉論には、年金、医療その他の個別の社会保障があっても、故意にか、あるいは偶然にかは問わず、総体としての社会保障概念が不在だからである。

厳密には、その他の社会的生活支援施策については大きく二つに区分されると私は考える。一方は社会保障施策に分類されるもの（⑥所得施策、⑩保健施策、⑪医療施策など）であり、他方は社会保障と関連があるとしても独立した生活支援施策（例えば、⑤教育施策、⑥文化施策など）として通常は社会保障に属さないものである。

古川氏はこうした区分にはほとんど関心がないようである。いずれにしても今日の福祉国家で社会福祉を論じる場合には、一般的な生活支援施策に言及するだけでは不十分であり、国の政策や財政に規定された総体としての社会保障概念の措定（setzen）がなければならない。

さらにまた、古川氏には「ブロッコリー型構造」というユニークな社会福祉構造論がある（図４－２参照）。

これは先のＬ字型構造説を多少立体的にしたものといえるが、Ｌ字型と異なり、あくまで社会福祉を中軸に、それと連携する社会的生活支援施策が社会福祉研究者には誠に嬉しい限りだが、あたかも花を開くように多様に展開していることがイメージされている。

図４－２　社会福祉のブロッコリー型構造

（出典）古川前掲書第１巻21頁の図１－３。

しかし、古川氏には実際の構造と学問的構造の区別がなく、前者の視点では余りにも社会福祉至上主義的な捉え方である。しかし後者の視点では仮に所得施策（特に所得保障）がブロッコリーの軸とされるとすれば、社会福祉は他の生活支援施策と並んでブロッコリーの一部にすぎないとみることもできる。とすればブロッコリー型の大前提が崩壊することになる。

私の見解に対する大筋の同意は大変ありがたいことが、ただ、ここで再度注意を払いたいのは古川氏のいう「運営システム」は先の指摘と異なり、運営からは相談援助が分離されているものの、単なる制度運営という意味であり、必ずしも私のいう経営概念ではないことである。

注

（１）古川孝順『社会福祉学序説』有斐閣、１９９４年、第5章の1、１４７頁。
（２）拙書『京極高宣著作集①　社会福祉学』中央法規出版、２００２年、２７７頁。
（３）拙稿「福祉経営の視点」一番ケ瀬康子他編『戦後社会福祉の総括と二一世紀への展望Ⅰ——総括と展望』ドメス出版、１９９９年所収。拙書『京極高宣著作集④　専門職・専門教育』中央法規出版、２００２年、Ⅱの第四章。
（４）古川孝順「解題」『京極高宣著作集①　社会福祉学』中央法規出版、２００１年、６２３頁。
（５）古川前掲「解題」。
（６）古川前掲「解題」。
（７）古川孝順『古川孝順社会福祉学著作選集①　社会福祉学の基本問題』中央法規出版、２０１９年、19～20頁。

第Ⅲ部　社会福祉の三相（三層）構造

第5章　福祉政策―福祉経営―福祉臨床

（1）経営概念の相違

私の経営論は、「政策」と「臨床」（ないし「援助」）の二大分離（ないし二大対立）を止揚（aufheben）したものであることはいうまでもない。この考え方は必ずしも私のオリジナルなものではなく、正直にいえば特に三浦文夫氏の社会福祉経営論などにそれなりの影響を受けたものである。ただし繰り返しになるが、私の経営概念は企業経営（business management）の「経営」（マネジメント）である。それは、一方で三浦文夫氏に代表される福祉社会学的な広義のソーシャル・アドミニストレーション（社会福祉経営）[1]より狭い概念であり、他方で重田信一氏に代表されるソーシャルワークの一部としての狭義のソーシャル・アドミニストレーション（団体運営管理）[2]より広い概念である。

さて私は「経営」概念を、わが国のかつての社会福祉（ないし社会事業）の本質論争のように政策と実践を対立的に捉えるだけでなく、「政策」と「実践」を統合する機能をもつものとして、あるいは政策と臨床を媒介するものとして捉えている。

ちなみにソーシャル・アドミニストレーション（social administration）の訳語を「社会福祉経営」とした三浦文夫氏の論理によれば、その経営概念の違いにあえてふれず、政策と実践を媒介するものは「計画」（planning）だとされている。(3)

しかし果たしてそうであろうか。そもそも計画とは、一定の目標をある期間において適切な手段で合目的的に遂行する手続きであるからして、計画そのものが「政策」と「実践（臨床）」の両者の媒介には必ずしもならない。というのも、政策にも行政計画があり、臨床にも例えばケアプランのような処遇計画があり、さらには経営にも経営計画が存在するからである。(4)もちろん広義の社会福祉行政運営（三浦氏の「経営」）にとっては、実践（福祉現場）との橋渡しとして行政レベルの福祉計画がそうした役割を担うことは当然である。福祉政策が発展すれば、その政策の一環としての計画化（福祉行政計画ないし福祉運営管理計画）が必要となるからである。しかしだからといって一般論として、計画が政策と臨床（実践）を媒介するものとはいえないのではなかろうか。

（２）　マクロ－メゾ－ミクロの三層区分

ここで古川氏が曖昧にしている私の三相（三層）構造論でいう「三相」と「三層」の違いについて一言ふれると、古川氏のように内包的な「三層」というべき重畳構造と、外延の広がりを含む実践位相の「三相」とは基本的に同様なものだが、それなりの次元の相違もないわけではない。こうした前者（三層）のタテ割り構造と後者（三相）のヨコ割り構造の相違は一見大した違いではないかの如く受け止められるかもしれない。しかし古川氏自身にとっては重大な相違があるように思われる。というのは、タテ割り三層構造説を古川氏のオリジナルな問題提起のごとく読者が解釈するかもしれないからである。しかし、ことは私のオリジナルのヨコ割り三相構造論を借用して批判し、その名称を三層構造説に変換して、あたかも私が古川氏が唱えるタテ割り三層構造説の同調者の一人とさせられているようにみえる。

ここで過去をいくらか振り返ってみることも必要であろう。啞然とすることには、特に私の「経営」論を批判していたはずの古川氏が、すでに述べたように近年ではむしろ「経営」を含む三層構造の提唱者に変身していることである（次章図６－１参照）。ただここで古川氏のいう「経営」は、繰り返し指摘しているようにあくまで「運営」であり、しかも具体的には社会福祉の「制度運営」であることには注意を要する。

図５－１　社会福祉三相構造（修正図）

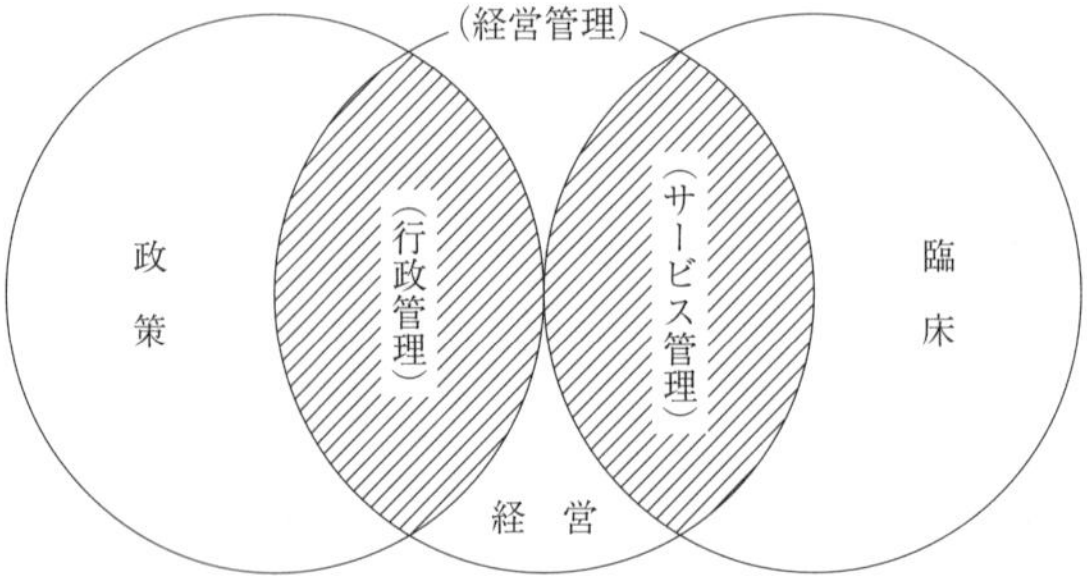

（出典）拙著『（改訂）社会福祉学とは何か』中央法規出版，1998年，46頁の図１－６の各々に管理部門を加えた。

すでに述べたように、「経営」概念には政策との関連で「行政管理」（「制度運営」）がもちろん部分的に含まれ、他方で「臨床」（あるいは援助実践（福祉サービス））との関連では「サービス管理」が含まれる。さらにまた経営の中核には独立した「経営管理」も存在する（図５－１参照）。したがって経営イコール制度イコール運営という論理に基づく政策－経営－援助という古川三層構造説は行き過ぎた屁理屈ではないだろうか。

いずれにしても、私の三相構造論は少なくとも『（改訂）社会福祉学とは何か』（全社協、１９９８年）にはすでに明らかにされていたわけであり、後に詳述する古川氏の２０１９年三層構造説（図６－１）より20年程、以前のものである。

また古川氏の三層構造をめぐる学術論議で紛らわしいことは、私に先立つ三層構造論の代表として高澤武司氏の『社会福祉のマクロとミクロの間』（川島書店、１９８５年）を取り上げていることである。高澤氏がいうのは、社会福祉のマクロ、メゾ、ミクロの三領域のうち、このメゾ領域は政策領域に属する管理論のごく一部を示す「運営管理」論か、あるいは「供給体制」論かにすぎないのである。それにもかかわらず、古川氏はメゾ領域イコール経営という図式を強引に当てはめて私を高澤理論（いわゆる新中間理論）[5]の後継ぎ（エピゴーネン）に仕立てていることに注意を払いたい。今なお私も敬愛する高澤氏は経営を金儲けと誤解しがちな当時の社会福祉学界の常識に遠慮して、「経営」という言葉はほとんど使っていないことにも留意されたい。

ここで念のために注意すべき論点は、社会福祉（さらに広げて社会保障）のマクロ研究、メゾ研究、ミクロ研究の相対的な3区分[6]は、私のいう社会福祉の政策－経営－臨床の三相（三層）区分とは次元がまったく異なることである。例えば、社会福祉でも社会福祉の総論（マクロレベル）、分野各論（メゾレベル）、領域細論（ミクロレベル）があり、またソーシャルワークをマクロ、メゾ、ミクロに分ける見解も存在するので、政策－経営－臨床という区分とはまったく次元が相違するのである。また社会保障のマクロレベルをE・アンデルセンなどによる福祉国家類型の国際比較研究[7]、メゾレベルを各国の社会保障制度の国際比較研究、ミクロレベルを各国の所得保障等のミクロ経済分析による国際比較研究とすることもできる。[8]もちろん古川氏のようにマクロ＝政策、メゾ＝経営、ミクロ＝援助（「臨床」）と捉えることは学問的に自由であり、それなりに意味もあるが、一般論として定式化は必ずしもできないものである。

またすでに述べたように計画は政策と臨床（援助）にブリッジをかけることができるとしても、その計画化にはその具体的展開もある。この点は古川氏の三層構造説には不在である。福祉政策の計画化に関して、私は例えば介護保険制度を例にあげて次のように解説している。[9]

あたかも建物の建築において、そのイメージを明らかにする基本構想と、柱の間取り等を具現化する基本設計と、施工のための準備作業としての実施設計の3段階があるように、介護保険の基本構想（「公的介護保険原案」の段階）――介護保険法及び政省令という基本計画――介護保険法の実施を着実にする通知などによる実施計画の3段階がある。三浦理論も古川理論も計画化の重要性を唱えているように一見みえるが、実際にはそうした計画化の具体的展開についてはまったくといっていいほど言及しておらず、計画という一言でお茶を濁している。特に古川氏の計画化はその強調のわりに、実際の行政計画の策定には理論的にもほとんどタッチしておらず、いかに縁遠いかを物語っているようにみえる。[10]

なお介護保険をめぐる政策論議は単なる福祉制度論レベルではない。わが国社会福祉研究の発展において、介護保険論議は本格的な福祉政策研究を齎《もたら》したのである。こうした新たな社会福祉政策研究段階の到来について蟻塚昌克氏は私に対して次のような過分な評価をしてくれている。

「半世紀にわたるいわば社会福祉政策なき社会福祉論にとって代わって、著者（京極の意―引用者）の介護保険への関与は社会福祉を内在的な政策レベルの研究まで引き上げた。[11]」

以上みたように一般論としては、計画は政策と臨床（実践）を媒介するものではない。ちなみに一般的には、会社・団体のトップマネジャー（ＣＥＯ）はミドルマネジャーと異なり、政策と臨床（実践）の媒介はせず、自らの政策を実現化して初期の経営目的を達成するものである。

注

（1）三浦文夫『（増補改訂）社会福祉政策研究』全社協、1997年参照。

（2）重田信一『アドミニストレーション』誠信書房、1971年参照。
（3）高橋紘士「計画論の視点から」京極高宣その他編『福祉政策学の構築――三浦文夫氏との対論』全社協、1988年所収。
（4）例えば東京都杉並区にある社会福祉法人浴風会では、2011年10月に浴風会基本構想、2012年に第一次マスタープラン（病院改築と老健新設の合築センターを作るハード中心の中期計画）を作成したが、それらは経営計画の範疇に属す。
（5）古川孝順『古川孝順社会福祉学著作集④　社会福祉学』中央法規出版、2019年、第6章第1節の2参照。そこでは、政策と実践の中間を埋める新たな中間理論として、三浦文夫・高沢武司・京極高宣の三名が名指しされている。
（6）高沢武司『社会福祉のマクロとミクロの間』川島書店、1985年、はしがき。
（7）拙稿「監修者解題」（G・E・アンデルセン『アンデルセン、福祉を語る』林昌宏訳、京極高宣監修、NTT出版、2008年）参照。
（8）拙稿「社会保障研究における国際比較の枠組と役割」西村周三・京極高宣・金子能宏編著『社会保障の国際比較研究』ミネルヴァ書房、2014年の図1-4、10頁を参照。
（9）拙著『介護保険の戦略』中央法規出版、1997年の第4章「介護保険の設計」を参照。
（10）同右、「介護保険の設計」参照。
（11）蟻塚昌克「編集幹事解題」『京極高宣著作集④　介護保険』中央法規出版、2002年、484頁。

第6章　古川社会福祉三層構造説批判

（1）京極社会福祉三相構造論は仮説か

古川氏は前章でみた1990年代に提出された私の社会福祉三相構造論を踏み台として、2019年の『古川孝順社会福祉学著作選集』第1巻では次のように三層構造を作成し、それをあたかも自分の仮説のように唱えている（図6－1参照）。

この三層構造論には三つの仮説が含まれているとして、次のような指摘をしている。[1]

第一に、社会福祉そのものが複数の層から構成されつつも一つのまとまりをもった全体として存立しているという仮説である。

第二に、政策と援助、ソーシャルポリシーとソーシャルワークという独立した領域として存立しており、それらに領域の統合体として社会福祉を把握するという方法が避けられている。まず社会福祉なるものが存在しており、政策も援助もそれを構成する内在的な要素の一

図６－１　社会福祉の三層構造説（古川孝順作成）

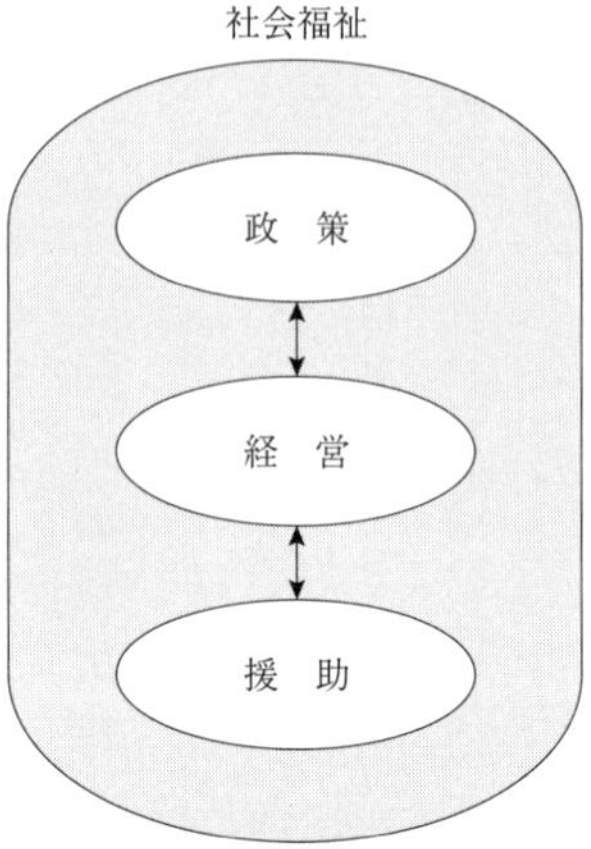

（出典）『古川孝順社会福祉学著作選集（第１巻）』中央法規出版，2019年，251頁の図４－６。

つであるとする仮説が含まれている。

ここには援助＝「ソーシャルワーク」という古典的な誤った図式が見られるが、それ自体が問題であり、援助をソーシャルワークと代置したり、あるいは援助の中核をソーシャルワークとみる見解はいわばソーシャルワーク至上主義であるといわなければならない。それは利用者との最も身近な接点（インターフェイス）がむしろケアワークなどである現実を軽視した思想というべき議論である[2]。

第三に、政策と援助の間に経営ないし運営という相対的に独立した領域が存在しており、それを介して政策と援助が結びつき、社会福祉という総体を構成しているという仮説が想定されている。

問題は誰の仮説かであり、巧妙に設定されているように図の作成は古川氏だが、問題提起は１９９０年代の著書[3]で私がすでに明らかにしているものである。

いずれにしても古川氏にとって仮説レベルの議論としては京極説も納得できるもののよう

だ。しかし私としては単なる仮説でなく、いわば定説レベルの議論なのである。というのは私の社会福祉実践の三相（ないし三層）構造論は、１９８０年代後半から１９９０年代前半にかけて問題提起したオリジナル学説であるからである。それは単なる仮説ではなく、古川氏のように既存学説を論理的に組み合わせた机上の空論（仮説）として提出されたものではない。私の三相構造論は、例えば社会福祉の政策領域では、その時々の政策的論議をめぐる政府関係の審議会・研究会に参加をして次第に固めてきたいわば実践的政策理論でもある。もちろん部分的には国レベルではなく、地方行政レベルの審議会・研究会への参加で、さらにその政策理論を補強したことを言葉をそえておきたい。

したがって私はこと福祉政策に関しては机上の空論を許さず、当初の仮説のリアルな検討を行ったうえで、誤った政策批判や独断的なイデオロギーなどを排除しながら時間をかけて定説レベルの理論構築してきたつもりである。

また、福祉経営論においてもほぼ同様である。従来の社会福祉学界において、社会福祉の本質は政策か実践かという不毛の論争に典型的にみられるように、大多数の社会福祉研究者が福祉政策研究か福祉臨床研究のどちらかに片寄っており、社会福祉の経営論はほとんどまったく登場してこない。この分野は社会福祉学界で最も稀少で脆弱な分野だからである。そこで、あえて両者の中間領域として経営論を設定したのである。

さらに福祉臨床論においても、ほぼ同様である。私は業績数は必ずしも多くはないが、例えば自閉症児の療育論（私の福祉臨床に関する処女的リサーチで子どもの生活研究所刊行）、医療ソーシャルワーカーの専門性に関する調査（日社大卒業生追跡調査）、ソーシャルワーカーとケアワーカーの専門性に関する論議（総務庁統計局、厚生省社会局などの政策論議の前提としての専門職論議）などにも深く関わってきた(4)。

したがって、私の福祉臨床論も単なる仮説ではなく、実際のリサーチや実践的な援助議論によって提起され、その議論を推し進める理論（定説）として役立ったものである。

以上の経緯からみたように、古川三層構造説は２０１９年作成図を別とすると私の社会福祉三相構造論（１９９５年初出）から結果的に借用したものといえる。繰り返しになるが私自身は古川氏のような単なる学問的思いつきや机上の空論などとしてではなく、氏より四半世紀前に、これを定説として提出したのである。それは、三相をめぐる実際的議論の中で格闘して得られた理論であり、実学として社会福祉学に相応しい定説と自負している次第である。

（2）京極社会福祉論は三浦・高澤両氏のエピゴーネン説なのか

しかも、古川氏は私において「三浦文夫の社会福祉経営論の強い影響[5]」が認められるとしているが、それは一部認めるとしても、繰り返し述べたように三浦氏の「社会福祉経営」は「ソーシャル・アドミニストレーション」の訳語であり、経営と運営を概念的に混同しており、かつ政策と援助を媒介するものは計画論だとしているという点でも不正確である。私はかつて三浦氏とは個人的にも学問的にも親しい関係にあったが、三浦氏のエピゴーネン（模倣者）であったことは一度もない。あえていえば、三浦氏の優れたところを継承しつつ、その総合的な理論的・実証的な批判者であったことを告白しておきたい[6]。古川氏が私の学説をあたかも三浦理論のエピゴーネンのように描いて見せかけているだけである。ちなみに古川氏の晩年には、ご本人が述べているようにわが国のユニークなマルクス経済学者である宇野弘蔵氏[7]の三段階論（原理論‐段階論‐現状分析）の当初の影響を抜け出し、三浦文夫氏の社会福祉経営論の方の強い影響が認められるので、その「強い影響」は私ではなくてむしろ古川氏ご自身の方ではないかと思われる。端的にいえば、古川氏はかつての宇野理論から、こんにちの三浦理論に乗り換えたようにみえるからである。

そこで、いよいよ古川氏による京極三相構造論の批判が登場する。

古川氏は次のように述べている。

「京極は、社会福祉学が福祉政策学に加え、福祉経営学と福祉臨床学を必然とする理由について、傍証的に、医療領域における病院経営論、教育領域における学校経営論の存在をあげている。ただし、福祉政策学、福祉経営学、福祉臨床学の区分や繋がりについての議論は、必ずしも充分に展開されているわけではない。」(8)（傍点は引用者）

しかし、私はなにもアナロジックな傍証をしているわけではなく、公共サービス分野の対人サービス部門の医療と教育の例示を分かりやすくしているだけである。そもそも傍証とは「証拠となるべき傍系の資料や問題の証拠」（『広辞苑』第六版、２００８年）である。その点で古川氏の指摘からは、あたかも私が「直接の証拠」をあげず、「傍証」しかしていない印象を読者に与えている。なお、このあたりの区分やつながりについては、前章の図５－１を参照されたい。

この図で追加的にいくらかの注意を払うのは、以下の諸点である。

第一に「政策」と「臨床」とではオーバーラップが一切存在せず、むしろオーバーラップを含めて両者を媒介するのが「経営」であること、第二に「政策」と「経営」は「行政管理」のように重複部分が存在し、また「臨床」と「経営」は「サービス管理」という重複部分が存在すること、第三にそれ以外に経営の本質である「経営管理」がその他の大部分を占めることである。この辺りは古川氏のみならず多くの論者が曖昧にしている。

その点で古川三層構造説の図式化（前掲図６－１）では、双方向の矢印（↕）で政策と経営と援助（臨床）が漠然とタテ並びにされていて、むしろ古川説における「政策」「経営」「援助」の区分やつながりが、かえって不明確かつ曖昧ではないだろうか。

古川氏は経営イコール制度運用という三浦氏とかなり近い「アドミニストレーション」論の立場から、初期に比べて自説を図６－２のごとく確実に変身させている。その図６－２では、先の図６－１などより古川氏の政策と援助の関係が制度運営を媒介にする形でより大まかに表現されている。また評価過程が別途援助過程と関係づけられてもいる。ただし「制度過程」というスタティックな概念は架空のもので実際には存在せず、古川氏の思いつきに過ぎないのではないだろうか。また氏の「援助展開過程」は逆に余りにも細かく分かれすぎており、しかも内実的には学問的な再吟味が必要なものばかりである。例えば、各段階の区分が実際にはなされているかどうか、また各段階間にフィードバック関係が必ず存在するかど

図６－２　社会福祉の施策過程（古川孝順作成）

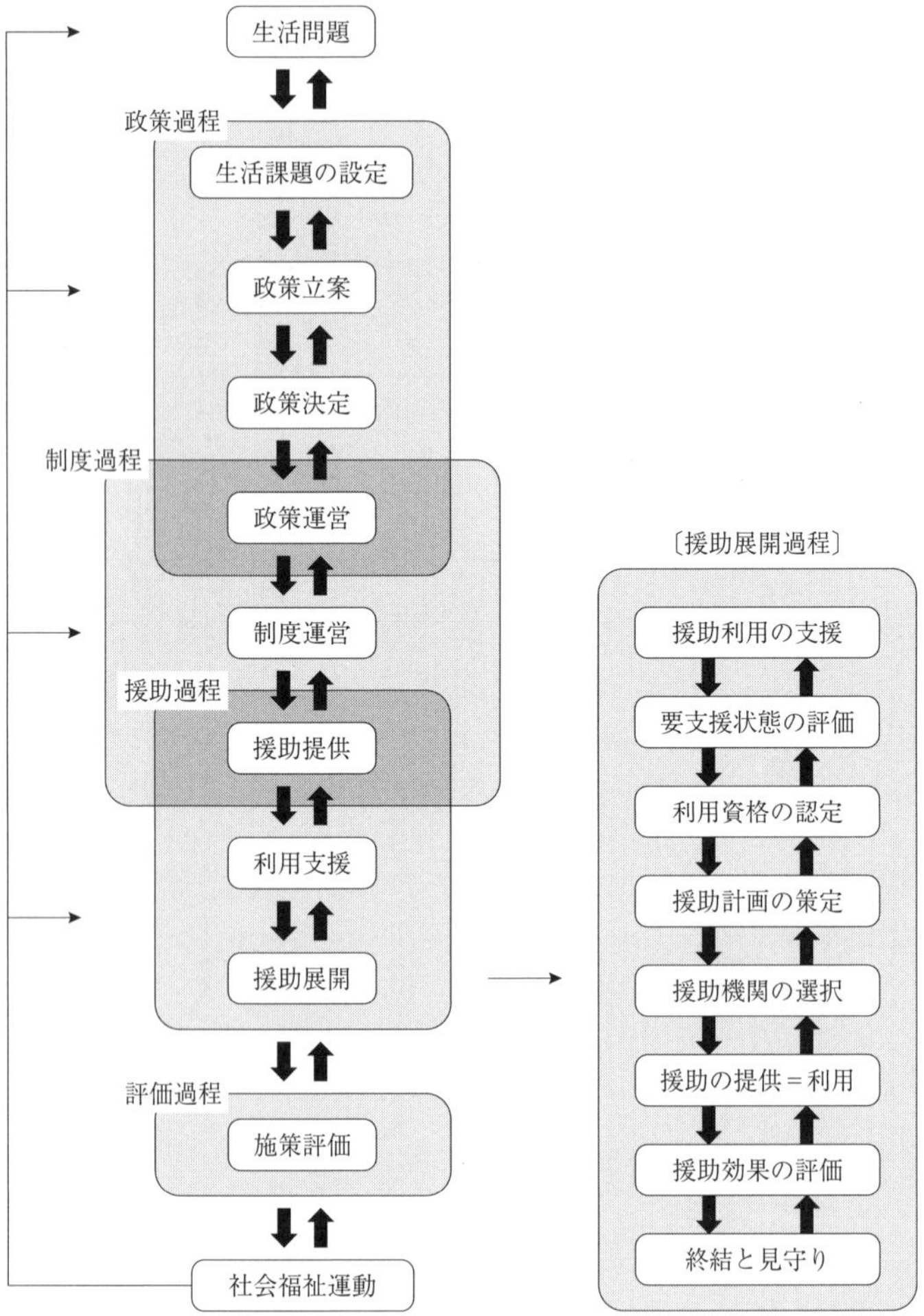

（出典）古川前掲書，第４章の図４－８，262頁。

うか、段階間に飛び越しはないかどうか、などを詳細に検討しなければならないだろう。

もちろん「経営」にもそれなりの過程もある。それにしても、この図6-2の「制度過程」では「政策運営」-「制度運営」-「援助提供」の関係が余りにも簡略化されすぎているのではないか。本来その中核にあるのは「制度運営」ではなく、古川氏が無視し、図式化からもれている「経営管理」なのである。さらに「評価過程」を位置付けたことは古川氏のそれなりの功績ではあるが、自己ならびに第三者評価などは何も「援助」のみならず、「経営」にも、さらに「政策」にも適用されるべきものである。

さらに古川氏は図6-1では三層構造説を唱えているが、図6-3では政策・制度・援助の新たな三位一体構造説が提案され、そこでは経営概念が制度運営に吸収された事実上の二層構造に逆戻りしている。具体的には「経営」が下位概念の「制度」に置きかわり、「制度システム」が「経営」に転化したところの事実上の二層構造となっている。しかも、図6-3には「経営」という用語はまったく使用されておらず、「制度」（なかんずく「制度運営」）がそれに代替している。

なお、われわれが1970年代までに社会福祉研究で学んだソーシャルワークのベイシック・シックス（①ケースワーク、②グループワーク、③コミュニティ・オーガニゼーション、④ソ

図6－3　政策・制度・援助の三位一体構造説（古川孝順作成）

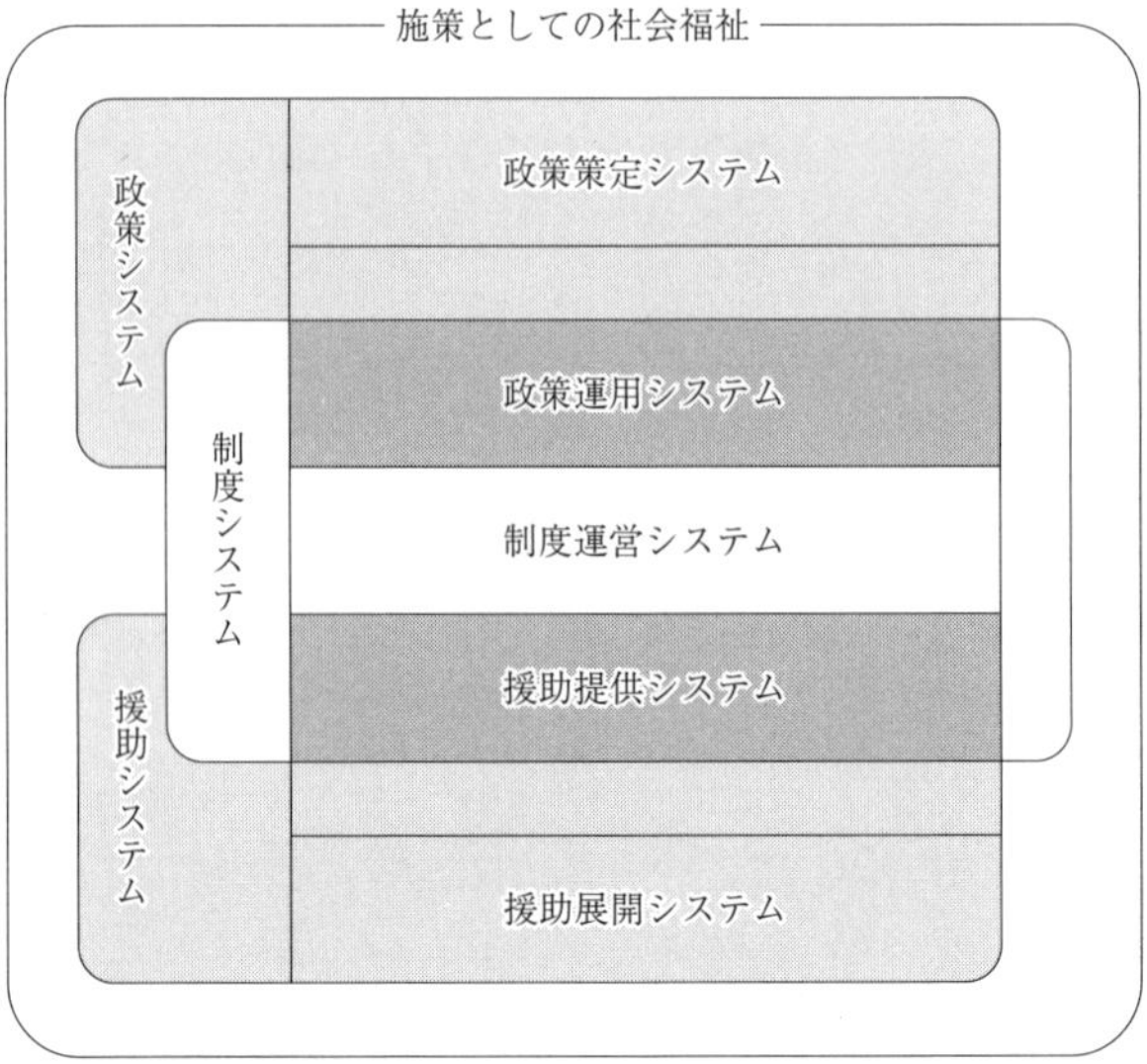

（出典）古川前掲書，255頁。

ーシャル・アドミニストレーション、⑤ソーシャル・アクション、⑥ソーシャルワーク・リサーチ）において、今日とかく見失われているソーシャル・アクション（社会福祉活動）がきちんと位置付けられていること、ソーシャル・アドミニストレーションが政策過程→制度過程→援助過程としてそれなりに整理されていること、ソーシャルワーク・リサーチがいささか狭隘化されている向きもありながらも評価過程では活かされていることなどには共感がもてるので、古川説を全面否定するつもりはまったくない。

いずれにしても古川氏には、そもそも「制度」というものが分っていない。それは、何も「政策」領域に限らず「援助」（ないし「臨床」）にも存在し、また「経営」にも存在するものである。本来的に「制度」は「政策」と「臨床」を媒介するものではないことが看過されている。この点で三浦理論が政策と実践を「計画」で媒介させたのと同様に、古川理論は「政策」と「援助」を「制度」で媒介させるという誤りを犯しているといえる。

注

（1）以下の三つの仮説については、古川孝順『古川孝順社会福祉学著作選集　①社会福祉学の基本問題』中央法規出版、2019年、251～252頁。
（2）因みに認知症ケアで「ユマニチュード」が提唱されているが、これも臨床の本質を担っている。本田美和子／イヴ・ジネスト／ロゼット・マレスコッティ『ユマニチュード入門』医学書院、2014年、参照。
（3）拙著『現代福祉学の構図』中央法規出版、1990年、4章の2「福祉経営について」参照。
（4）本書「はしがき」の注（1）～（8）参照。
（5）古川前掲書、252頁。
（6）私の処女作『市民参加の福祉計画』（中央法規出版、1984年）は、よく読みこんでいただければ分かるように、内容的にはかなり肯定的にではあるが、三浦学説への理論的及び実証的な反論となっている。また京極他編『福祉政策学の構築——三浦文夫氏との対論』全国社会福祉協議会、１９８８年参照。

（7）宇野弘蔵（１８９７～１９７７年）。東京大学社会科学研究所教授、同所長。その後法政大学の社会学教授。経済学の研究を原理論、段階論、現状分析の三段階に分け、最終目標をなす現状分析は、先の二段階を経て成立し、経済政策に寄与するものとしている。

（8）古川前掲書、２５４頁。

第Ⅳ部　社会福祉のフレーズ分析——理念と政策・経営・臨床

第7章　福祉理念と社会福祉原論

(1)　社会福祉の理念

社会福祉の政策 ‐ 経営 ‐ 臨床において、この三つのフレーズを串刺しにするものに社会福祉の理念などの「社会規範」(social norms) がある。社会規範は「人と人との関係にかかわる行為を規制する規範」であり、通常は①慣習、②法、③道徳の三つに大きく分類されるが、社会福祉の理念（以下、福祉理念という）も③道徳に準じた倫理的理念の一つと考えられる。いうまでもなく福祉理念は政策の前提だけでなく、経営や臨床の前提にもなる。それは政策、経営、臨床の前提となる基礎的観念 (idea) であるといえる。すなわち新たな福祉理念に基づき新たな福祉政策が形成されうる。また新たな福祉理念に基づき新たな福祉経営が展開され、さらに新たな福祉理念に基づき新たな福祉臨床（福祉実践）が創造される。周知のとおり例えば障害福祉では、インディペンデント・リビング (independent living)、ノーマライゼーション（normarization）、ソーシャル・インクルージョン（social inclusion）などの諸理念がそうした役割を果たしてきた。

ただし逆に政策や経営や臨床が先行した後に新たな福祉理念が生まれることも十分ありえる。いずれにしても、それが広義の社会規範の中に入るものとはいえ、そもそも福祉理念そのものはシステムとはいえないものではなかろうか。したがって、古川理論のように「規範システム」と安直に呼ぶことはできないのである[1]。

いうまでもなくシステムとは要素とその規則的な連関を意味するものである。そもそも古川氏には何にでもシステムという接尾語をつけたがる傾向があり、必ずしもシステムといえないものをも〇〇システムと呼んでいる嫌いがある。繰り返しになるが福祉理念は広義の社会規範に属しても、必ずしも規範システムとはいえないものである。もちろん例えば法システムなどは規範システムの主要なものの一つであるとしてもである[2]。

いずれにしても福祉理念とは、社会福祉に関する基本的考え方や視点（イデア idea あるいはフィロソフィ philosophy）で、政策、経営、臨床の三領域を貫通する共通基盤的な考え方（basic idea）というべきものである[3]。

（2）生存権と福祉理念

わが国では憲法25条の生存権をもって社会福祉理念とする見解が戦後長きにわたって支配してきた。しかし、それは必ずしも福祉理念のレベルに留まるものではなくて、あくまで社会福祉の法的基盤（法源）なのである。それは戦後日本においても時代の変遷や地域の変容に伴って変化する福祉理念とは必ずしも置き換えられないものである[4]。

ところで、いわゆる生存権とはそもそも何か。それは哲学的な「人間の尊厳[5]」、法学的な「基本的人権」、社会福祉学的な「福祉権」の三つの内容をふくんでいると私は考える[6]。

そうした権利構造の把握をふまえずに「生存権」を絶対的な福祉理念と捉え、生存権→生活保護受給権→生活保護請求権と生存権を狭く捉え、さらに社会福祉運動論の立場からもう少し短絡的に生存権→生活保護請求権と捉える小川政亮氏らの考え方もあった。また、社会福祉と生存権の関係は、小川氏のように「生存権プラス福祉六法」と狭く捉えるのでなく、生存権を核とする「基本的人権プラス社会保障権利」と広く把握するべきであろう[7]。

古川氏も「社会権的生存権」なるものを福祉的理念（社会福祉の規範）として捉えている[8]。なお戦後日本の法解釈学で、人間の権利を自由権と社会権とに分離して、それにより基本的人権をも社会権的人権（生存権）と自由権的人権（教育権、労働権、財産権）に分ける考え方[9]

も生まれたが、詳しく検討できないが、それは法理論的にそもそも大いなる疑義がある。

（3）　憲法25条の解釈

日本国憲法第25条に関しては、私の当該研究を基にやや詳しくみることにしたい[10]。

周知のとおり日本国憲法第25条の由来は以下のようである。すなわち、憲法の規定をめぐって戦後初期の段階においてGHQ民生局行政部で社会保障の制度に関する規定を置くべきとする意見と不要とする意見の激しい対立があった。その結果、前者が勝利し、つくられたGHQ試案では、「法律はすべての面につき社会の福祉並びに自由、正義および民主主義の増進と伸長を目指すべき」とされた。こうした案を下敷きに憲法草案は昭和21年6月20日に、第90回帝国議会に提出された。現行憲法第25条は、第23条法案で「法律は、すべての生活部面において社会の福祉、生活の保障及び公衆衛生の向上及び増進のために立案されなければならない。」として本会議の特別委員会（芦田均委員長）に審議付託され、その結果23条を25条として次のように修正した。

「法律は」→「国は」、「立案されなければならない」→「努めなければならない」、「社会の福祉」→「社会福祉」、「生活の保障」→「社会保障」に修正した。憲法第25条はこうしてできあがったのである。

ここで念のために憲法25条論議にいくらかふれておこう。まず憲法25条の第１項と、第２項の関係は、第１項の生存権理念の規定と、第２項の国のプログラム規定を統一的に把握すべきである。(11) 図７－１のように原案「第二十三条」を「第二十五条」に移行させ、第１項として当時の社会党（森戸辰男議員）が主張した生存権規定を入れ、先の第２項を合わせて現行規定に修正したのが、当時の開発史料から明らかにされた史的由来である。

なお、「生存権」に関する教養としては、日本国憲法（１９４７年）の25条の以前に国際的にワイマール憲法（１９１９年）が先行していたことは常識である。(12) ただ、実定法としてでなく、その根本思想は、ヘーゲルの『法の哲学』の「市民社会」の章にヘーゲルの言葉で「生存権」(Recht auf Existenz) がすでに書かれて

図７－１　昭和21年８月24日，衆議院で修正可決された憲法第25条条文

> 第二十三条〔二十五条〕　全て国民は、健康で文化的な最低限度の生活を営む権利を有する。
> 法律〔國〕は、全ての生活部面について、社會の福祉〔社会福祉〕、生活〔社會〕の保障及び公衆衛生の向上及び増進のために立案されな〔に努め〕ければならない。

（出典）（「社会保障と憲法に関する研究」中間とりまとめ資料より）拙書『生活保護改革と地方分権化』22頁。

いることは意外に知られていない。しかしも「国家」の章ではなく「市民社会」の章の内においてなのである。[13]

(4)　自由権と社会権

ところで「人権」(human rights) は、いわゆる自然法に基づく人権に端を発しており、必ずしも法学的概念ではなかったが、いずれにしても単なる個人の権利とは異なり「人間が人間として生まれながら持っている権利」として、人間としての固有の権利として位置づけられる。それは今日的な概念である「自由権」とか「社会権」に必ずしも分けられないものであろう。にもかかわらず古川氏は生存権を社会権からのみ捉え「社会権的生存権」とも呼んでいる。ただ、他の基本的人権は自由権的人権としての「市民権的基本権」としている。それでも社会福祉の全体システムで「規範」に注目した古川氏の功績は小さくはないが、法哲学的な不確かさはまぬがれない。

いずれにしても生存権は福祉理念の法源になることがあっても、既に以前ふれたように時代と地域によって変遷する固有の福祉理念にとって代わることはできない。

ちなみに既にみた障害福祉の理念に関しては、北米におけるインディペンデント・リビング（independent living、自立生活）、北欧のノーマライゼーション（normalization、普遍化）、西欧のソーシャル・インクルージョン（social inclusion、社会的包摂）は、またわが国の糸賀一雄の「この子らを世の光に」（Let these children be the light of world）なども若干の時間差や表現の違いがあっても、先進諸国における新たな共生思想の理念としてほぼ共通のものだ。(14)

こうした福祉理念が社会福祉（特に障害福祉）の政策‐経営‐臨床のすべてに共通した精神的基盤（いわば福祉の心(15)）としてこれらを支えているのである。

注

（1）古川孝順『古川孝順社会福祉学著作選集①　社会福祉の基本問題』中央法規出版、２０１９年の18頁の図１‐１及び図１‐３参照。

（2）T・エックホフ／N・K・ズンドビー『法システム――法理念へのアプローチ』（都築・野崎・服部・松村訳、ミネルヴァ書房、１９９７年）の「訳者あとがき」参照。

（3）拙稿「社会福祉の理念」『（社会福祉学双書）社会福祉概論Ⅰ』２０１８年、第３部第１章第３節、２３７～２３８頁参照。わが国社会福祉学界では、福祉理念を論じている研究者は意外と少ない。

（4）前掲「社会福祉の理念」参照。

（5）人間の尊厳に関する最新の文献としては、佐藤信人『尊厳――あなたがいなければ、私はいない』ぱーそん書房、２０１９年参照。

（6）拙稿「人間の尊厳・基本的人権・福祉権を基盤に」『公衆衛生』13（9）、1998年参照。
（7）拙稿「憲法25条と生存権」『生活保護改革と地方分権化』ミネルヴァ書房、2008年、第2章を参照。なお小川政亮氏はその後、社会保障の権利論へと進化させてきたが、初期のやや短絡的な生存権理解は、古くは『社会事業法制概説』誠信書房、1964年参照。
（8）古川前掲書、第2章第5節参照。
（9）前掲、「憲法25条と生存権」参照。なお自由権と社会権の区別はきわめて相対的であり、それは法学的に再検討が必要である。
（10）島崎謙治「憲法と社会保障の実施責任・財政責任の規律」『季刊社会保障研究』第四一巻、第四号所収、参照。
（11）拙稿「憲法25条の生存権規定」拙著『生活保護改革と地方分権化』ミネルヴァ書房、2008年、第二章第2節参照。
（12）人権については、拙稿「人権について――その本質」「障害者と人権」「高齢者と人権」「女性の人権」（以上、『福祉みえ』三重県社会福祉協議会、2000年117号、119・120合併号及び2001年121号、122号所収）参照。
（13）拙著『（研究ノート）新しい社会社会保障の理論を求めて』社会保険研究所、2008年の「（研究ノートⅠ）河合栄治郎と社会政策」の4項、24～25頁参照。
（14）前掲「社会福祉の理念」参照。
（15）福祉理念、いわば福祉の心に関しては、古くは阿部志郎『福祉の心（講演集1）』海声社、1987年などが最も詳しい。

第8章　社会福祉の政策論

はじめに社会福祉の政策論の根拠について考えてみると、まずもって福祉サービスのニーズと社会資源の対応関係を中心にみていかなければならないだろう。

（1）　福祉サービスの資源と供給

社会福祉のみならず、年金・医療・労働保障などを含む社会政策（social policies）の広い範囲からみると、社会サービスに対するニーズは社会サービスの資源（いわゆる社会資源 social resources）と対応し、前者に後者が適切に対応するような両者の調整が社会政策の第一課題と考えることができる。ちなみに戦後イギリスの社会政策のかつての碩学、R・ティトマス（Titmuss, R. M.）は福祉政策の基本的研究課題を「一連の福祉《（ソーシャル）》ニーズの研究と欠乏状態のなかでこれらのニーズを充足するための組織がもつ機能の研究[1]」として、社会政策（特に

図8－1　福祉サービスの供給（給付）

(1)現金給付（benefit in cash）	（1－a）公的扶助
	（1－b）社会手当
(2)現物給付（benefit in kind）	（2－a）施設福祉
	（2－b）在宅福祉

（注）ただし，上記区分には相談・調整サービスは除いてある。
（出典）拙著『福祉レジームの展開』中央法規出版，2013年，5頁を一部修正。

福祉政策）の役割を福祉ニーズおよびそれに対応する社会資源（特に福祉資源）とを結びつけることに絶えず着目していた。

しかし福祉サービスの「市場」（厳密には社会市場 social market）で福祉サービスの需要と相対峙するのは、直接的には「福祉資源」（広くは社会資源）ではなく、福祉サービスの供給（supply）（直接的には福祉サービス自体）である。この供給は社会政策上の「社会給付」に該当する。したがって福祉需要に直接的に対応するのは福祉資源そのものではなく各種の社会給付である。

この給付は、次のように相対的に区分される（図8－1）。まず(1)現金給付（benefit in cash）は（1－a）生活保護のような公的扶助（public assistance）と（1－b）各種の社会手当（social allowance）に分かれる。次に(2)現物給付（benefit in kind）は（2－a）施設福祉と（2－b）在宅福祉に分けられる。なお、ここでいう在宅福祉は必ずしも居宅で対応する居宅サ

料金受取人払郵便

山科局承認

1918

差出有効期間
2021年３月
31日まで

郵便はがき

６０７-８７９０

（受　取　人）
京都市山科区
日ノ岡堤谷町１番地

ミネルヴァ書房
読者アンケート係 行

◆ 以下のアンケートにお答え下さい。

お求めの
書店名＿＿＿＿＿＿＿＿市区町村＿＿＿＿＿＿＿＿＿＿＿＿＿＿＿書店

＊ この本をどのようにしてお知りになりましたか？ 以下の中から選び、３つまで○をお付け下さい。

A.広告（　　　　）を見て　B.店頭で見て　C.知人·友人の薦め
D.著者ファン　E.図書館で借りて　F.教科書として
G.ミネルヴァ書房図書目録　H.ミネルヴァ通信
I.書評（　　　　）をみて　J.講演会など　K.テレビ·ラジオ
L.出版ダイジェスト　M.これから出る本　N.他の本を読んで
O.DM　P.ホームページ（　　　　　　　　）をみて
Q.書店の案内で　R.その他（　　　　　　　　）

書名　お買上の本のタイトルをご記入下さい。

◆上記の本に関するご感想、またはご意見・ご希望などをお書き下さい。
文章を採用させていただいた方には図書カードを贈呈いたします。

◆よく読む分野（ご専門）について、3つまで○をお付け下さい。
1. 哲学・思想　2. 世界史　3. 日本史　4. 政治・法律
5. 経済　6. 経営　7. 心理　8. 教育　9. 保育　10. 社会福祉
11. 社会　12. 自然科学　13. 文学・言語　14. 評論・評伝
15. 児童書　16. 資格・実用　17. その他（　　　　）

〒 ご住所 Tel　　（　　）
ふりがな お名前　　年齢　　歳　性別　男・女
ご職業・学校名 （所属・専門）
Eメール

ミネルヴァ書房ホームページ　http://www.minervashobo.co.jp/

＊新刊案内（DM）不要の方は × を付けて下さい。 □

ービスのみならず、通所サービスや地域密着型サービスなどを含めている。

(2) 福祉サービスのニーズと需要

社会福祉における「ニーズ」(social needs)は、社会福祉学にとって最も基礎的な概念である。それを端的に福祉ニーズとよぶと、「何らかの他からの援助を必要としながら、家族、集団、地域では、あるいは市場メカニズムでは解決できず、何らかの社会的援助を必要とする状態(いわゆる要援助性[2])」とさしあたり定義できる。

この「福祉ニーズ」は、福祉サービスの利用者にとっては必ずしも日常的に意識(あるいは自覚)されているニーズ(英語の felt needs)とは限らず、しばしば潜在的レベル(いわゆる潜在的福祉ニーズ)にとどまっていることがある。「福祉ニーズ」は、特に当該福祉サービスの供給体制などの前提条件が整えば、国民の福祉意識の在り方とからんで顕在化して、福祉サービスへの「需要」、すなわち「福祉需要」(social demand)に転化するものといえる[3]。

いずれにしても需要とは、通常は経済学の市場メカニズムで生産者による商品(財貨やサービス)の供給(supply)に対して、消費者の需要(demand)という意味でつかわれる。しかし福祉サービスの場合は、必ずしも経済市場でなくても、非経済市場[4](例えばいわゆる準市場や社会市場）の中で、対価を支払えない貧しい消費者の社会需要として表れることもある。それは、いわゆる有効需要（effective demand）のように必ずしも貨幣の支払いの裏付けのある需要とは区別され、福祉需要として、しばしば顕在化される（なお、社会市場・準市場の概念は、別途専門書が必要となる重要なテーマだが、さしあたり拙稿「社会市場・経済市場の重複性」宮島・西村・京極編『社会保障と経済〈1企業と労働〉』1章の7所収論文、参照。なお、同論文の図を再掲しておく。図8-2）。

ちなみに医療経済学において医療需要は患者の主観的要求だが、医療ニーズは医師の専門的判断による客観的なものであるとされる。それと同様に「福祉需要」は「福祉ニーズ」のように必ずしも客観的なものではなく、さしあたり福祉サービスへの主観的要求である。しかし「福祉ニーズ」には、主観的要求として表れない潜在的なもの（いわば氷山の水面下部分）も含まれる。それは、ある時代や地域においては個人の意思や主観からは相対的に独立した客観性をもっている。それは、あくまで行政や福祉職などによる専門的評価により測定され得るものである。その意味で、ニーズは三浦文夫氏がいうような単なる操作概念（仮想の概念枠組み）ではなくて、社会的な客観的実在だともいえる(5)。

こうした点をふまえると社会福祉の在り方をめぐる議論で、例えば住民エゴやクレーマー

図8-2　混合市場の類型

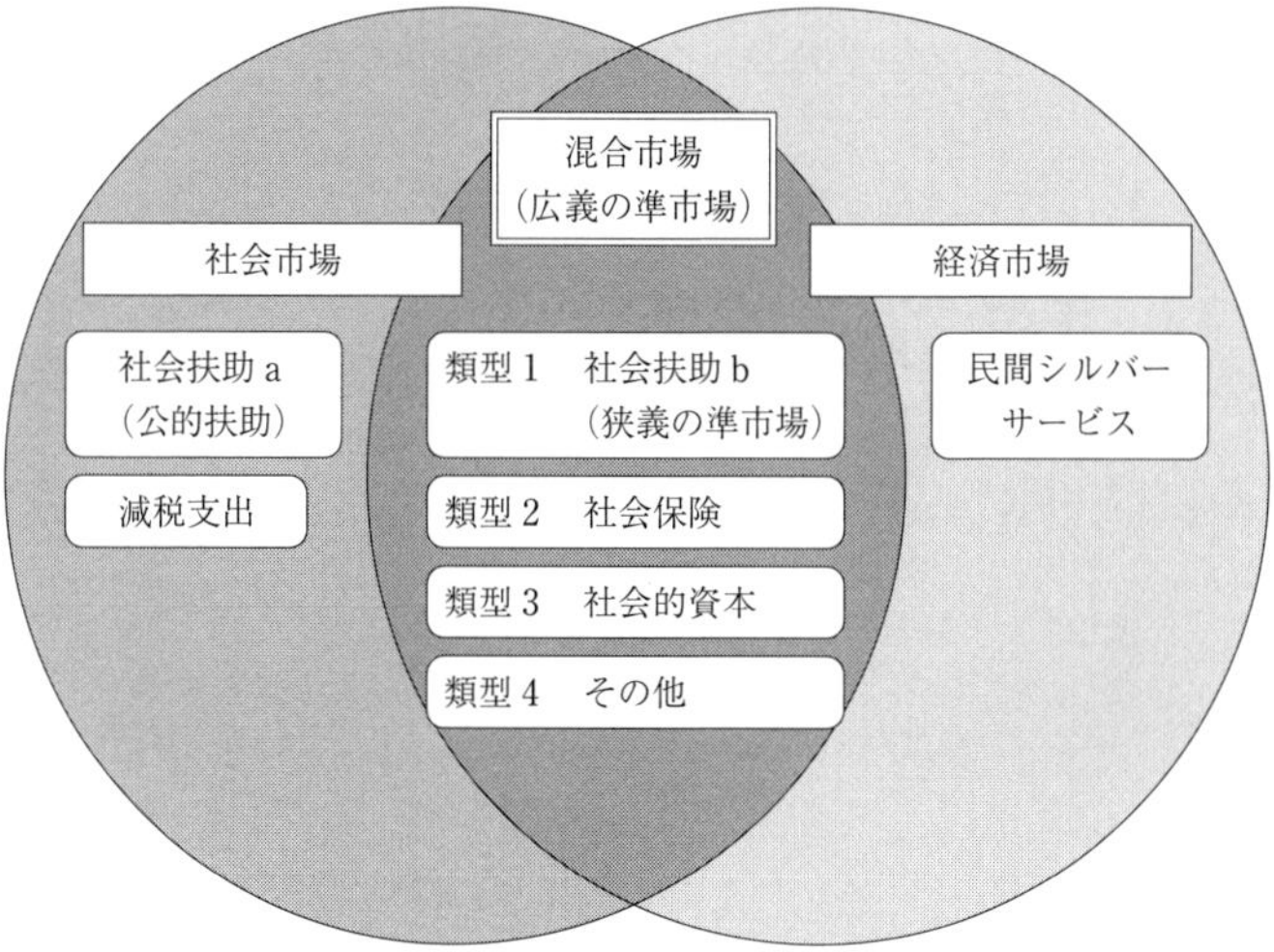

(注)（1）濃いメッシュ部分は社会保障における社会市場と経済市場の重複部分（混合市場）を示す。
（2）税方式による社会扶助は純粋な社会市場（公共サービス領域）における社会扶助 a（公的扶助）と民営化の影響を受けている狭義の準市場における社会扶助 b（福祉サービス等）に分かれる。
（3）類型1-類型4は混合市場の構成要素となっており，さしあたり社会扶助 b（準市場）は類型1と位置づけられている。
（4）減税支出は従来は混合市場の類型3と位置づけられていたが，政府による純粋な社会市場（公共サービス）として，公的扶助などの社会扶助 a と同様の位置に訂正されている。

(出典) 京極高宣・金子能宏「Q&A 社会市場の理論を考える（25)」『社会保険旬報』No2357，2008年，社会保険研究所。

図8－3　福祉サービスにおけるニーズと需要の関係（概念図）

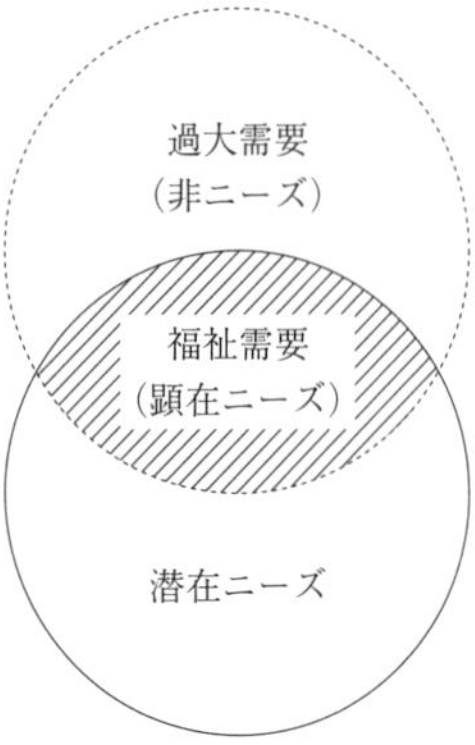

（注）実線はニーズ（必需）で，点線は需要を表す。
（出典）拙稿「社会福祉の理念」前掲『社会福祉学双書』全社協，252頁。

による無原則な過大な要求をただちに「福祉ニーズ」と混同したり、また行政の都合で狭く切り取った行政需要のみを住民の「福祉ニーズ」と同一視することは、各々大きな誤りである。

また量的に見ても「福祉ニーズ」は必ずしも「福祉需要」と一致しないのは当然である。これまで福祉サービスの供給においては、特別養護老人ホームの例のごとく、必ずしも「福祉需要」を満たしておらず、いわゆる待機者が多数存在していた（いわゆる供給不足D＞S）ことはいうまでもない。

ここで、あらためて福祉サービスのニーズと需要の一般的関係を整理して図8－3のように図式化してみることにしよう（以下は、拙稿「社会福祉のニーズと資源」『社会福祉学双書〔第1巻〕社会福祉学概論Ⅰ』〔全社協、2018年〕に基づいて論述されているもので、あえて細かい注は付けないこととする）。

さしあたり、福祉サービスにおける需要とは「福祉ニーズ」に裏付けられ、人々の意識の表層面に現れたもの（図8－2の斜線部分）ということができる。ここには、福祉ニーズに裏付けられていない過大需要（見せかけの需要）は含まれていない。過大需要は、利用者の過熱人気などから一時的に生ずるもので、福祉ニーズを量的にもオーバーすることがある。この場合は、福祉ニーズ（N）より需要（D）のほうが大きい現象（過大需要N＜D）が生まれるが、真の福祉需要はあくまでもNの一部である。なお「福祉需要」に転化しない残りの「福祉ニーズ」は潜在的なものとしてとどまっており、一部の顕在的な需要（いわば氷山の一角）のみが人々の社会意識にとらえられやすい。

次に「福祉ニーズ」の位相について、いくらか述べてみることにする。

第一に「福祉ニーズ」には、衣食住などの基本的ニーズ（basic needs）と、より高次のアメニティ・ニーズ（amenity needs）の次元が区別される。この区分は時代や地域によって相対的であり、例えば必需品（necessities）の範囲が時代や地域によって異なるのと同様である（なお、第三のニーズとして自己実現などのヒューマンニーズの存在も指摘されるが、これは通常の福祉ニーズの範囲を超えている）。

第二に「福祉ニーズ」はその充足手段とのかかわりで、金銭によって充足できるか否かによって「貨幣的ニーズ」（monetary needs）と「非貨幣的ニーズ」（non-monetary needs）との

図8－4　福祉ニーズにおける貨幣的ニーズと非貨幣的ニーズの関係（概念図）

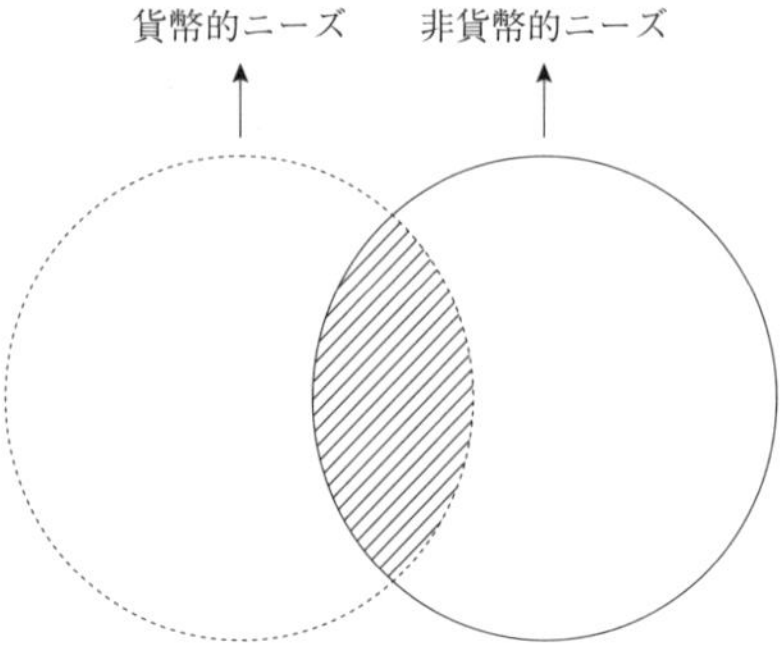

（注）斜線は両ニーズのオーバーラップ部分を示す。
（出典）拙著『現代福祉学の構図』中央法規出版，1995年，53頁。

区分も可能である。

なお貨幣的ニーズと非貨幣的ニーズの区別に関しては、わが国では三浦文夫『（増補改訂）社会福祉政策研究』（全社協、1997年）などが最も精力的な論議を行ってきた。しかしわが国での最初の問題提起は、山田雄三『社会保障研究序説』（社会保障研究所、1968年）といわれている。

さて、この点は福祉サービスの態様と展開にとって重要なところなので、以下図8－4に基づき、少し詳しく述べてみたい。

まず第一に、これらの二つのタイプの「ニーズ」は理念的には明確に区別されるものであるが、図8－4のように現実的にはしばしば重複部分（斜線部分）がかなりの割合を占めている。まして発展途上国などでは、ほとんど両者は重なり合っているといえる。したがって理念的に峻別することはきわめて重要だが、現実的には両者はかなりオーバーラップしていることも看過すべきではない。

第二に、両ニーズとも時代の推移により内容的に変化していることが指摘できる。例えば「貨幣的ニーズ」にしても、わが国の高度成長期を経て、国民皆保険・皆年金時代に入ると、かつての戦後初期のような飢餓状態などの絶対的貧困は激減したものの、いわゆる「豊かさの中の貧困」（ガルブレイス Galbraith, J. K.）が顕著となってきた。(6) また「非貨幣的ニーズ」のほうも大きく変化し、例えばかつてのように施設福祉での対応のみならず、在宅福祉で在宅医療と提携した多様な対応をせざるを得ない状況（いわば自立的なニーズの実現）もかなり増大しているようにみえる。

なお福祉サービスの提供者と利用者の関係は近年、著しく変化している。現代イギリスの社会政策学者のルグランは従来のティトマス型の社会政策論をふまえながらも、それを乗り越えて、サービス提供者とサービス利用者の関係をチェスの駒の名称を用いて説明している。それは善良なサービス提供者（ナイト〔騎兵〕）と弱い利用者（ポーン〔歩兵〕）との関係を軸に議論されてきた従来型枠組みに、市場的要素を加味して、欲深いサービス提供者（ネイブ

〔悪漢〕）と賢く強いサービス利用者（クイーン〔女王〕）の新たな関係を包摂する議論である。強いクイーンの背景には俗にいうクレイマーなど権利主張の強い利用者の存在がある。(7)今後は、そうした状況を福祉サービスの需給関係にリアルに反映させて対応する必要もあろう。

（3）福祉政策と福祉サービス需要モデル

いわゆる社会市場（ないし準市場）といえども、それが市場である以上、需要（D）と供給（S）のバランスが何よりも重要である。しかもニーズ（N）と需要（D）とは区別されなければならず、関数で表現するとD＝f(N)となる。またすでに述べたように資源（R）はそのままでは必ずしも供給（S）とはならず、一定の条件下で供給になる。すなわち関数で表現するとS＝g(R)となる。したがってNとDの区別及びRとSの区別を明確にし、そこで以下のような私なりの福祉需給モデル（図8-5参照）が1980年代初めに開発された。(8)

このモデルの特徴は、まず第一に福祉サービスのNとDの次元の違い、ならびにRとSの次元の違いを明確にしていることである。

第二に福祉サービスの需給関係がいわゆる社会市場（ないし準市場）の中に位置付けられており、その外側にあるNとRとの対応関係の中間に位置付けられていることである。

図8-5　新しい福祉サービスの需給モデル（京極モデル）

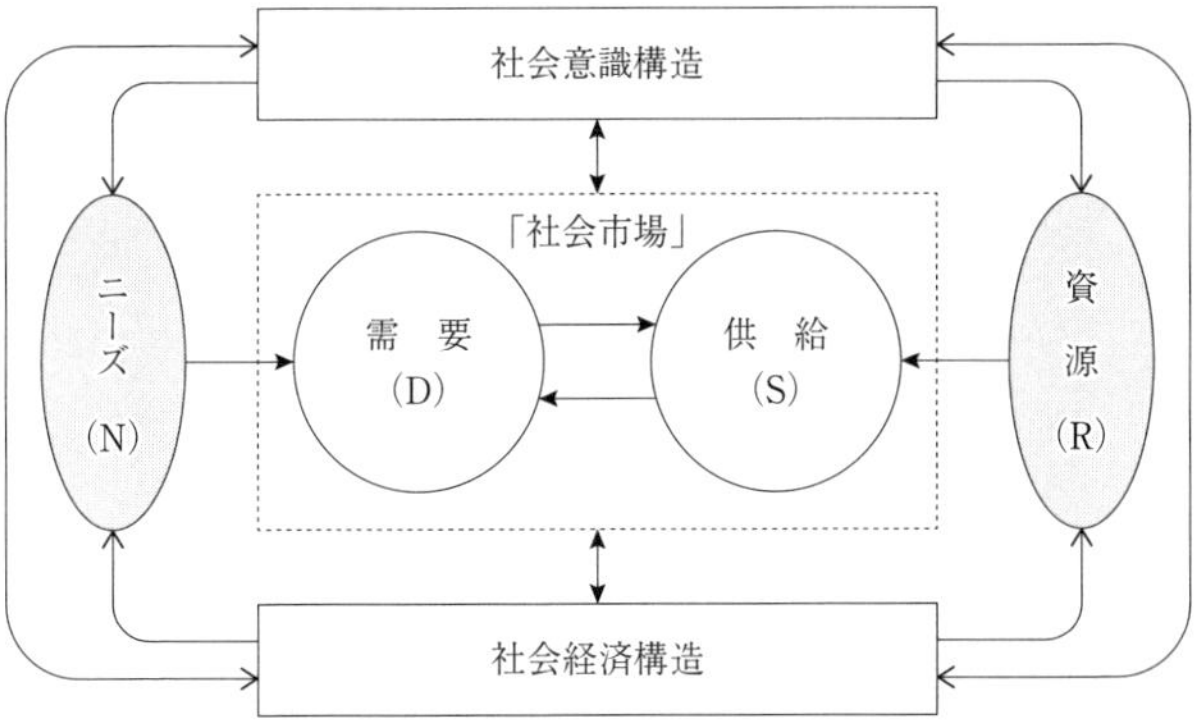

（出典）拙著『(改訂) 社会福祉学とは何か』全社協，1998年，79頁参照。

第三に福祉サービスの需給関係の外側にあるNとRとの関係を取り巻く外的環境として「社会経済構造」と、それに規定されていながらも相対的に独立している「社会意識構造」が位置付けられていることである。社会市場（ないし準市場）は「社会経済構造」によって影響を受けるだけでなく、例えば国民の権利意識などを含む「社会意識構造」の変化による影響も受ける。

さてこのモデルは、もともとは社会福祉計画を構想する際に私の頭の中にあったものであるが、一方では社会保障全般に広げ、他方では社会政策に広げることもできることが分かった。

以上のように、この需給モデルは一方のティトマスの福祉需給モデルの欠陥（準市場の無視）と他方のフリードマンの福祉需給モデルの弱点（経済市場の過大視）を乗り越えたもので、社会福祉の政策面でもそれなりの有効性を今なお失っていないと考えている。

さて福祉政策の展開にとって、先の福祉サービスの需給モデルは重要な意味を持っている。というのも、図8－5をみて分かるように福祉政策の第一課題は、厳しい生活問題（福祉課題）から福祉ニーズを発掘し、その充足を図ることであり、第二課題はその福祉ニーズの充足を図るために、財源を中心とした社会資源を総動員し福祉サービスの供給を準備することであるからである（ただし政策課題はニーズ充足だけにとどまらず、利用主体の形成などの開発に及ぶものである）。なお、図8－5を踏まえてさらに改良したモデル図は、図8－6である。

もちろん当面の政策課題は、人々の切羽詰まった福祉需要（D）を解決することだが、実際には福祉サービスの供給（S）の在り方が問われ、特にD＞Sの関係（供給不足）を解消することが重要となる（もちろん逆のD＜Sの供給過剰であれば、将来的に例えば大部屋雑居の特別養護老人ホームをユニット化したり、統廃合したりするケースも政策課題となる）。

こうした点も先の図8－5で容易に説明できる。考えてみるに私が当初開発した時点では、社会福祉計画のための福祉サービス受給モデルとして位置付けられていたが、社会政策や社会保障のモデルだからこそ、社会福祉の具体化による福祉計画のモデルになりえたのではな

図8-6　経済市場・社会市場・混合市場のモデル図式

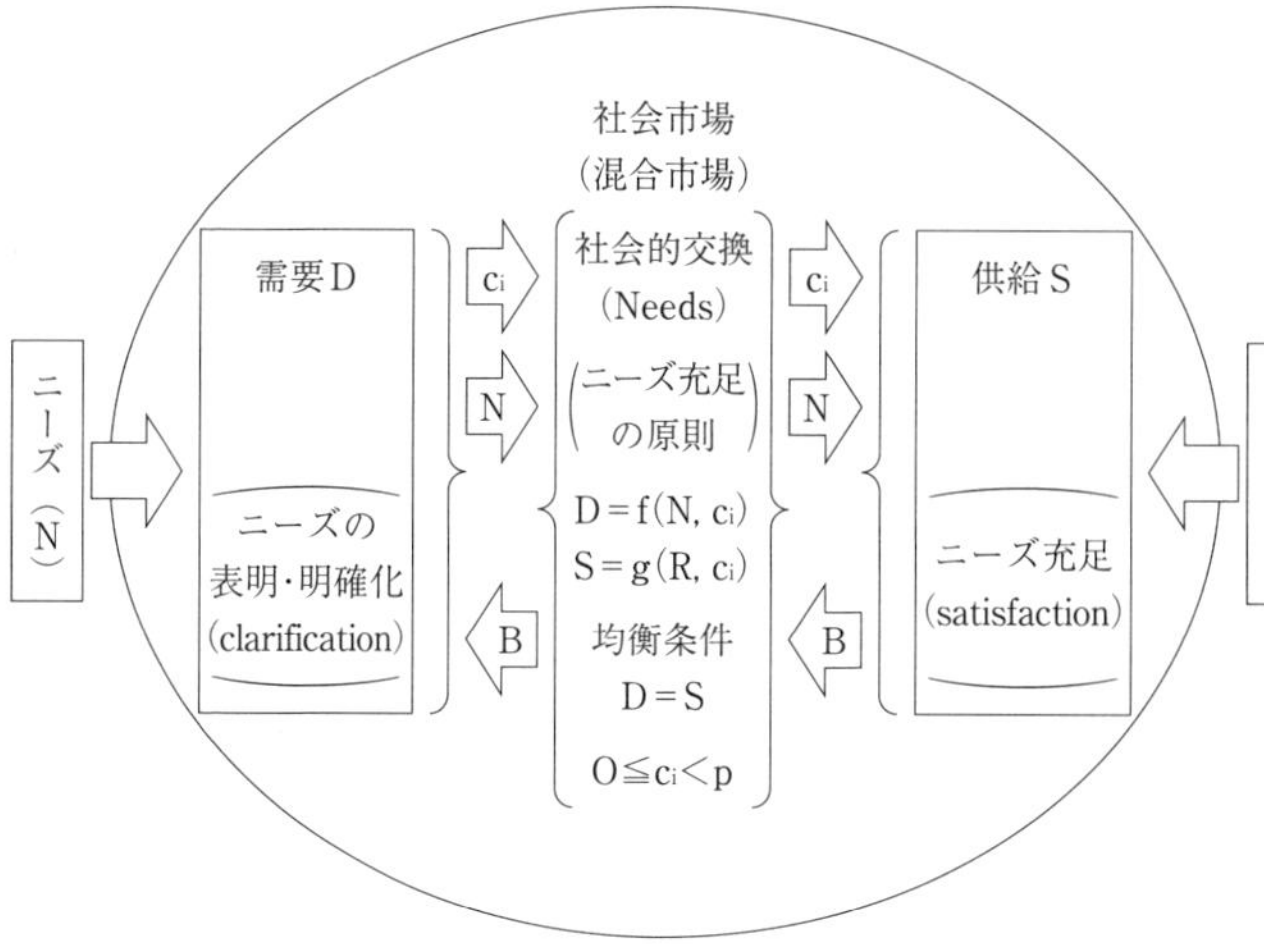

（注）（1）Bは給付（Benefit）を示す。
（2）$c_i = 0$ の純粋な社会市場（社会経済的交換）以外は $0 < c_i < p$ の混合市場となる。
（3）Nはニーズ（Needs）を，Rは資源（resources）を示す。
（出典）京極高宣（2007）54頁，図2-3の社会保障の需要モデルを社会的交換に着目して単純化した。

いかと今では考えている。

なお社会福祉の政策－経営－臨床に関しては、各々に目標、期間、手法が実際的に定められなければならない。社会福祉学が理論科学ではなく実践的な応用科学――例えば理工系にとっての工学という応用科学領域――に属するゆえんである。

さて福祉政策にとって目標（いわゆる政策目標）の設定はきわめて重要である。それもできる限り数値目標化を図ることが福祉政策の科学化を実現するための必要条件である。そして政策目標を一定期間で具体的に実現するようにすることが福祉行政計画の眼目なのである。また福祉政策が一定期間（政策期間）に各種の政策手法を伴って施行された結果，政策評価が行われるべきである。

こうして社会福祉の政策目標，政策期間，政策手法，政策評価が設定されてこそ，福祉政策学の科学的な確立（福祉政策学の生誕）が完成されるのである。

(4) 福祉サービスの利用者負担

通常，財貨やサービスの価格に関しては，自由市場の場合では政策論でなく経営論で語られることも多い。企業経営者（CEO）にとって自社の製品をいくらで販売するかは，特にその経営者冥利に尽きる要領（かんどころ）であるからである。しかし福祉サービスや医療サービスのような社会サービス（social services）においては，国や地方行政が定めるいわゆる政策市場（社会市場ないし準市場）で対価が決まるので，その料金のことを「政策価格」（policy price）と呼ぶこともある。[9] また社会サービスの利用者サイドから「利用者負担」（user's charge または user charge）ともいう。

実際，社会福祉法人や医療法人の経営者が福祉サービスや医療サービスの価格（介護報酬，診療報酬や措置費、薬価）を決めることは法的にできず、政府が各審議会等の意見を聴いて、それらを決定するのが通例である。

さて民間の財貨やサービスにおいては、経済市場のメカニズムにより利用者がコストを全額負担するが、社会福祉分野では低所得または重いハンデがある利用者の所得状況に配慮して、利用者負担に経済的配慮が政策的に加えられる。

こうした配慮は多様だが、大きな原則としては①応能負担と、②応益負担に大別される。①は利用者毎の所得能力に応じた負担であり、②は利用者が実際に使ったサービス量に対応した負担である。もちろん実際には、両者が重なり合ったり、両者の複雑な組み合わせを工夫することもできる[10]。

ここで福祉サービスに限定してみると、例えば2000年の社会福祉基礎構造改革の以前では、福祉措置制度のもとで利用者負担は応能負担方式により「費用徴収」という形でなされていたが、その後に介護保険では応益負担の原則で利用者負担は1割（10％）となり、低所得者には別途の応能負担的配慮が加えられている。また保育サービスでも応能負担の原則できめ細かく費用徴収されるようになっている。

また障害サービスも障害者総合支援法[11]に基づき、低所得者には応能負担が、中高所得者に

図８－７　chargingの諸機能（京極説）

①　財源確保
②　需要コントロール
③　濫給防止
④　シンボル効果（または利用者の権利拡大）
⑤　呼び水効果

（注）ケン・ジャッジの諸機能とは私はあえて区別して整理している。
（出典）拙著『福祉サービスの利用者負担』中央法規出版，2009年，59頁の図２－３。

は応益負担（１割負担）が課せられることになった。

いずれにしても、政策的にみれば福祉サービスの利用者負担の機能は単に①財源確保ばかりではない。それは、他にも②需要コントロール、③濫給防止、④シンボル効果（権利性拡大）の機能をもち、さらに⑤国の財政支出に国民的合意が得られやすくなる呼び水効果の諸機能をもつ[12]（図８－７参照）。こうした諸機能をどのように発掘させ、場合によっては組み合せるかが、福祉政策の重要課題となると同時に福祉政策研究にとっても重要な論点となっている。

（５）　福祉サービスの政策過程と財政システム

われわれは社会福祉に関する政策を簡潔に「福祉政策」と呼んできた。それは(1)公的扶助、(2)福祉サービス（対人福祉サービスの意）から構成される（狭義の）福祉政策である。

さて、すべての国や地方自治体の公的政策は、例えば社会政策が経済学ないし社会学の単なる応用ではないように、基礎科学の応用ではなく、一定の政治過程の産物である限り、政治学の応用である。それはかつてF・エンゲルスが指摘した「力の平行四辺形の法則」[13]のように、時には新たな政治力の合成ベクトルとなる。例えば国への福祉需要の圧力と政府の財源力がぶつかり合い、どちらにも大きく偏らない新たな方向で政策が形成されることもある。およそ政策学はどの分野においても関連科学の力を借りるとしても、本来的には政治学の応用[14]なのである。ちなみに、そこにこそ福祉多元主義に基づく福祉ミックス（ポリシイ・ミックス）[15]が成立しうる根拠がある。

さて福祉政策が形成されるには、必ず福祉サービスを必要とする人々の生活問題が大前提として存在する。こうした生活問題を関係者や市民運動が取り上げ、マスコミ等で話題となり、世論を形成して社会問題化して、ボランティアなどの自主的運動が生まれるか、あるいは国会等で話題となると、それを政治家や行政が取り上げ政策決定すると福祉政策の形成がなされる。その際、国会で法制化を図り、財政による予算化がなされる（図8-8参照）。

いずれにしても社会福祉の政策過程は、社会の背景及び時代の趨勢によるだけでなく、政治的妥協を含めて政治的力関係によって決定されるきわめて政治的な過程の産物である[16]。また、わが国では行政官は政治家に弱く、政治家は有権者（市民）に弱く、有権者（市民）は

図８－８　社会福祉の政策過程（概念図）

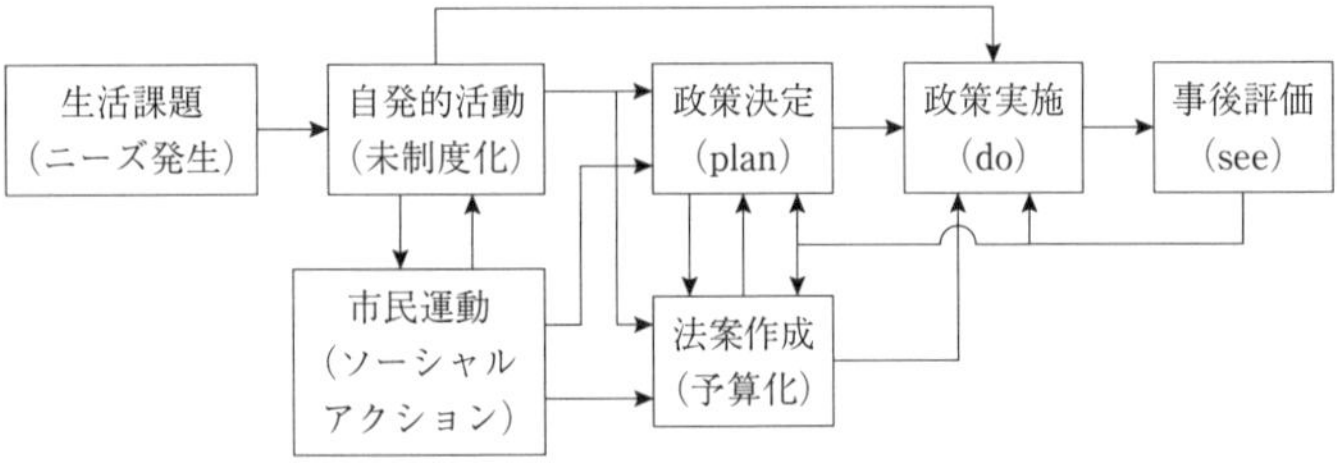

（出典）拙著『（改訂）社会福祉学とは何か』全社協，1998年，第４章第４節，図４－３，128頁を一部修正。

行政官に弱いという三つ巴戦的トライアングルの政治力学的関係（政治的な悪弊）も存在している[17]。

ところで、社会福祉の政策過程を論じる場合、財政システム論抜きには語れない。ちなみに三浦文夫氏や古川孝順氏などの福祉政策論にはそもそも財政論や政策過程論がほとんど存在せず、せいぜい供給体制論があるだけで、これでは政策学はおよそ完結しないのではないかと思われる[18]。

さて社会福祉の供給は、財政的には通常(1)施設などへの投資的経費と(2)サービスの運営費用との経常的経費に分けられる。これらの費用負担は、①公的負担（税）、②私的負担（利用料）、③自発的負担（寄付）によって賄われる[19]。公的サービス（法定化された福祉事業）においては、原則的に公的福祉財源から賄われるか、すべての先進諸国では予算措置に基づいて国または地方自治体の税金から支出される。もちろん国と地方の財源配分関係は、国や時代によりかなりの相違が

図8-9　社会福祉と経済の一般的関係（概念図）

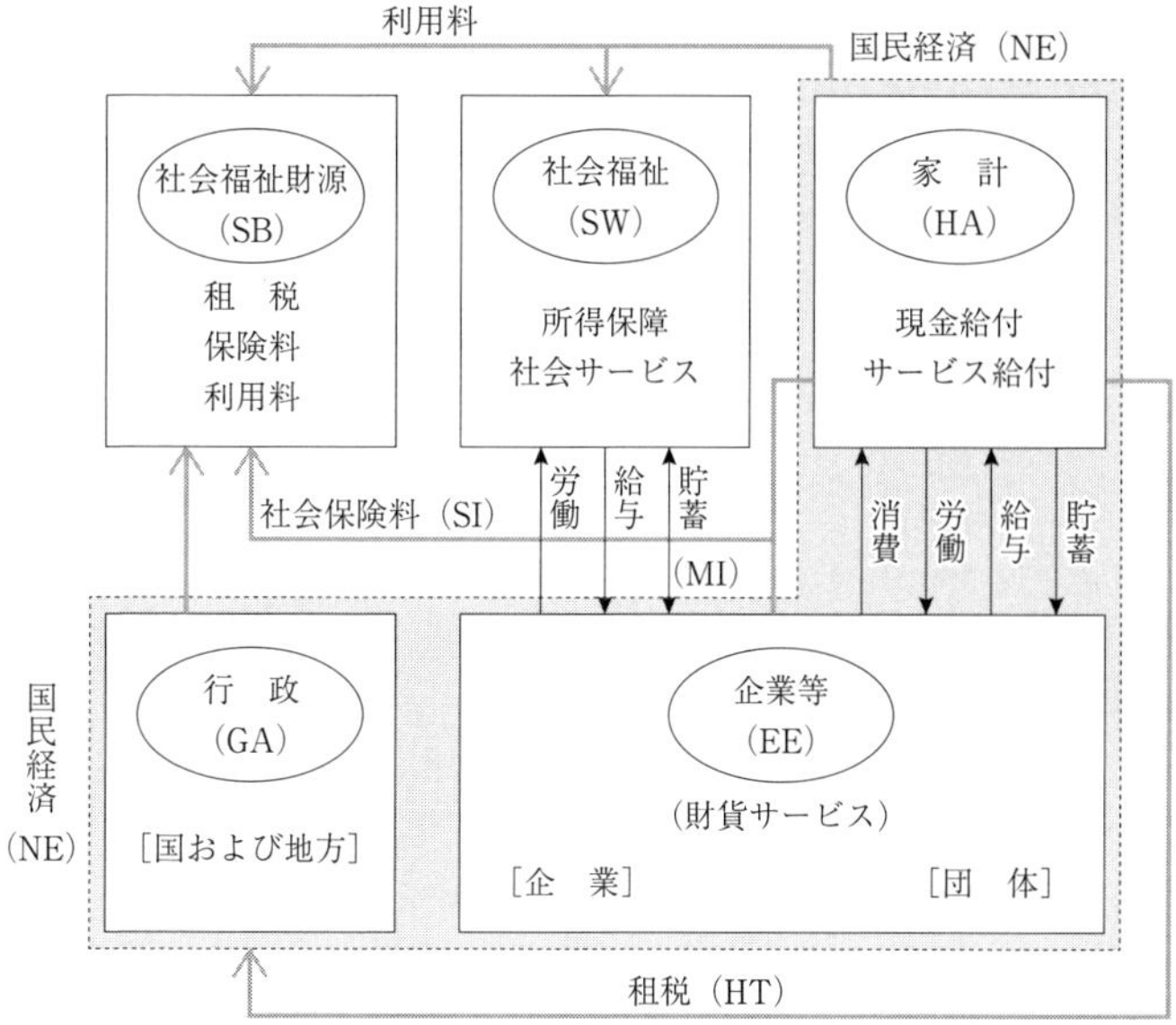

（注）（1）国および地方の経済活動は企業等（HT）に含まれ，また国家公務員または地方公務員の家計も国民経済に分類。納税，社会保険料等から支出されている。

（2）企業等の財貨・サービスには資金運用（MI）など金融等が含まれる。

（3）発展途上国においては社会保障財源に ODA 資金などが含まれる。

（4）社会保障では利用料は相対的に金額が小さいため，この図表では矢印が省略されている。

（出典）拙著『社会保障と日本経済』慶應義塾大学出版会，2007年，59頁の図3-1。国立社会保障・人口問題研究所の京極髙宣・金子能宏が作成した図を社会福祉版に修正。

あるものの、地方分権化と民営化の波は確実に押し寄せている。これからの福祉サービスには、厳しい経済環境下で②や③の役割はきわめて大きい（図8－9参照）。

注

（1）R・M・ティトマス『社会福祉と社会保障』三浦文夫監訳、東京大学出版会、1971年、15頁。
（2）拙著『（改訂）社会福祉学とは何か』全社協、1998年、第1部第2章第1節。
（3）同上。
（4）準市場（quasi market）に関してはルグランの研究を、また社会市場（social market）に関してはティトマスの研究を参照。J・ルグラン『公共政策と人間――社会保障制度の準市場改革』郡司篤晃監訳、聖学院大学出版会、2008年、及びR・M・ティトマス『福祉国家の理想と現実』谷昌恒訳、東京大学出版会、1967年参照。なお社会保障と社会市場の関係では、京極髙宣・金子能宏共著『社会保障と社会市場論』社会保険研究所、2010年が最も詳しい。
（5）三浦文夫『（増補改訂）社会福祉政策研究』全社協、1997年、第1章参照。ただし三浦説を乗り越えた見解としては、拙稿「社会福祉における〝ニーズ〟と需要」『月刊福祉』1977年4月号（拙著『市民参加の福祉計画』中央法規出版、1981年、第8章所収）参照。
（6）現代的貧困に関しては、岩田正美『現代の貧困』筑摩書房、2007年を参照。
（7）拙稿「（書評）ルグラン『公共政策と人間――社会保障制度の準市場改革』」『季刊社会保障研究』第44巻4号、2008年参照。

(8) 前掲(5)拙著『市民参加の福祉計画』第6章参照。
(9) 同右、第3部第15章「歌を忘れたカナリア――在宅福祉サービスの受益者負担」参照。
(10) 拙著『福祉サービスの利用者負担』中央法規出版、2009年の第1章参照。
(11) 障害者総合支援法（2012年）。旧障害者自立支援法（2005年）を見直し改正したもの。
(12) 前掲書、第2章、参照。
(13) F・エンゲルス『反デューリング論（上・下）』栗田賢三訳、岩波書店、1980年の（下）社会主義の項、参照。
(14) 拙稿「終生〝人生の座標軸〟たる隅谷先生」『隅谷三喜男著作集第1巻』月報（栞）、岩波書店。
(15) 拙稿「福祉ミックス論と準市場論」『(社会福祉学習双書)(1) 現代社会と福祉』全社協、2018年、第3部第4章参照。
(16) 拙稿「福祉サービスの政策過程と財政システム」拙著『(改訂) 社会福祉学とは何か』全社協、1989年、第4章第4節を参照。
(17) 拙稿「監訳者解題」（S・アンダースン『日本の政治と福祉――社会保障の形成過程』京極髙宣監訳、中央法規出版、1995年）参照。
(18) もちろん古川氏も財政を軽視している訳では決してない。「財政システム」として租税方式か社会保険方式かという問題を論点として取り上げ、負担に関しても購買力の提供と利用者負担などの論点をあげてはいる。しかし、それは社会福祉運営の理論にとどまって必ずしも政策論となっていない。『古川孝順社会福祉学著作選集④　社会福祉学』中央法規出版、2019年、第3章第4節及び第9章第1節参照。
(19) なお社会福祉と経済の一般的関係については、図8-9を参照のこと。

第9章　社会福祉の経営論

(1)　福祉経営の前提

周知のとおり社会福祉の経営論は、わが国の社会福祉研究で最も遅れた弱い領域である。そこで社会福祉の経営論を多少掘り下げるための、いくつかの前提をクリアする必要があろう。

その第一は、社会福祉の法人経営（特に社会福祉法人経営）と社会福祉の事業運営（社会福祉施設運営等）を区別することである[(1)]。

戦後日本の福祉措置時代においては、社会福祉の事業運営はあっても法人経営はほとんど存在しなかったといわれる。というのも利用者に対する行政措置はその「反射的利益[(2)]」として利用者に福祉サービスが提供され、その対価としては措置委託費が社会福祉法人に対してではなく社会福祉施設に対して投入されてきたからである。そこから福祉施設運営はいわゆる措置箱施設としての予算消化過程と消極的に理解されることになった。それは「措置から契約へ」というスローガンによる「社会福祉基礎構造改革」の時期にも基本的に変わったこととされたが、残念ながら実態は大きく様変わりはしなかったように思われる。

さて近年（2017年3月、社会福祉法改正）の社会福祉法人制度改革において、法人経営と施設運営とのそれなりの区別がなされるようになった。

今日では社会福祉法人経営の枠組み[3]の中で、個々の社会福祉施設運営（ないし事業経営）論が改めて具体的に語られるようになってきている。

しかしながら今日に至るまで、わが国の社会福祉法人は一法人一施設のような零細法人が圧倒的に多く、単に経営論的な理由だけでなく、どうしても法人経営と施設運営が混同されやすい構造的背景もあった。現在でも私が理事長を務める浴風会（利用者2300人／1日、職員〔常勤換算〕850名、17事業）のような多数施設・多数事業を抱える大規模法人は全体の1割にも満たない。

第二は、社会福祉運営管理（広義の経営 social administration）と社会福祉事業経営（business management）との区別がより明確にされることである[4]。

繰り返しで恐縮だが、本来の社会福祉経営はあくまで後者の意味であり、前者の「経営」

（administration）はすでに述べたように原則として社会福祉の政策領域に含まれる。すでにみた古川社会福祉学の「躓《つまず》きの石」の一つは、三浦文夫社会福祉経営論と同様に、まさにこの区別ができなかったことによる。

もちろん両氏のいう「経営」は現在でも「都市経営学」などで有効に使われているもので全面否定してはならないが、社会福祉法人経営でいう「経営」とは概念的に異なることに再度注意を払いたい。

（2）福祉経営の核心

以上をふまえ福祉サービスの経済的特性をおさえて、社会福祉の経営論を論ずることにしたい。

社会福祉は、公的扶助を別枠にすると対人福祉サービス（personal social services いわゆる福祉サービス）に限定される。経済学的には、福祉サービスの提供は単なる利用者の生活における財貨やサービスの消費過程にとどまらず、社会福祉法人のスタッフ集団による福祉サービスのいわば生産過程でもある。[5] こうした捉え方は、通常は単なる財貨やサービスの消費過程（口の悪い人からは浪費過程）と誤解されている。通常の財貨（goods）は生産過程と消費過程とが分離され、在庫管理なども重要な経営管理の一分野となるが、福祉サービスにおいては他のサービス部門と同様に生産と消費が不可分（生産即消費）となり、在庫管理は成り立たない。むしろサービス生産過程（P〔s〕）が同時に消費過程（C〔a〕＝F〔x, y, z〕）であるところに対人サービスの最大の特徴があり、福祉サービスもその例外ではない。そこで福祉サービスを構成するサービス生産労働とサービス生産手段を組み合わせて、よりよい品質の福祉サービスをより多く生産すること（効果的効率的な顧客満足度の確保）が福祉サービスの究極の経営目標となる。もちろん福祉サービスの利用の特性からくる福祉サービスの他の留意事項（例えば、公平性 equity、接近性 access など）にも配慮がなされなければならない。古川氏もサービス経済学を採用して詳細な議論を展開しているが、残念ながら社会福祉の経営論と必ずしも密接に結びついていないように思われる。(6)

ちなみに、現代経営学の権威者、P・ドラッカーは社会福祉・医療などの部門を非営利組織として一括し、主としてボランティアと寄付による運営を強調しているが、これは「特殊アメリカ的存在」（ドラッカー）に目を奪われて、福祉サービス産業の特色を見失っている。例えば、ＹＷＣＡなどの団体運営（アメリカ流のソーシャル・アドミニストレーション）と福祉・医療サービスの事業経営（ビジネス・マネジメント）を同一視する誤りを犯している。(7)

図9-1　福祉サービスの経営体系図

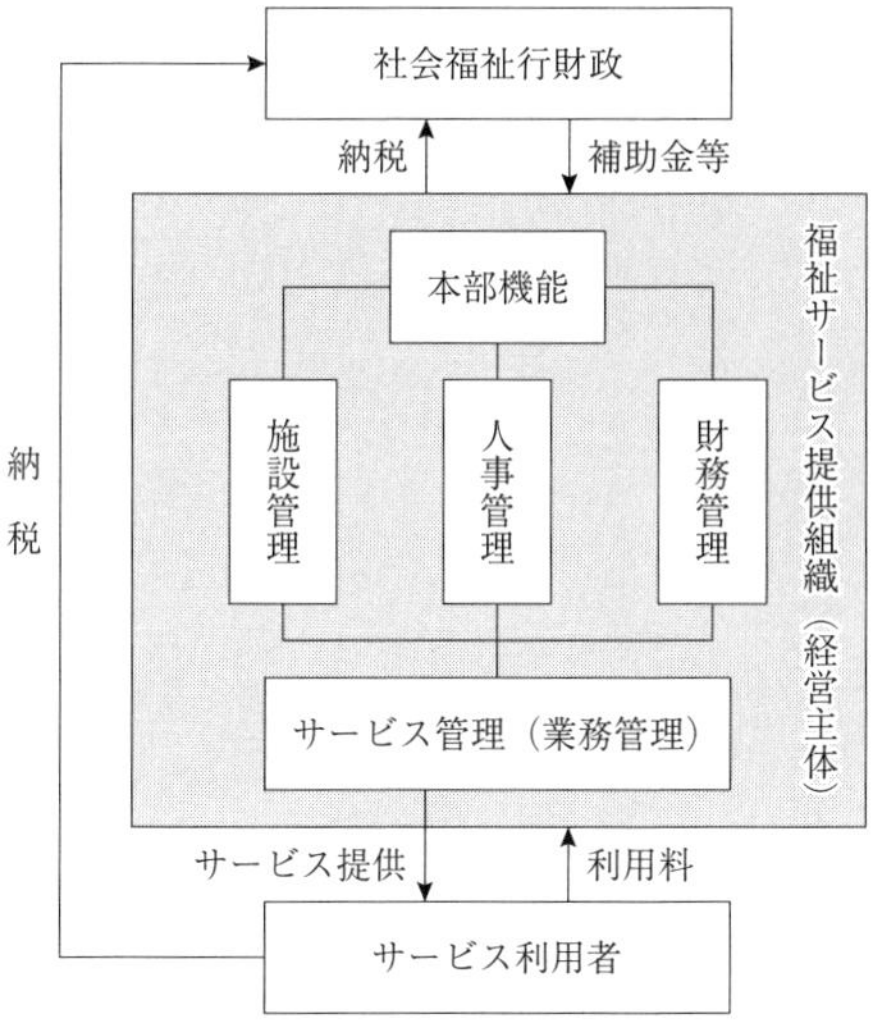

（出典）拙著『福祉法人の経営戦略』中央法規出版，2017年，140頁の図1。なお同図は『現代福祉学の構図』中央法規出版，1990年，181頁の図を大修正した拙著『(改訂）社会福祉学とは何か』全社協，1998年，124頁の図1をさらに大幅修正したものである。

そこで社会福祉経営の要石である運営管理体系（いわば内部構造）に立ち入ってみると、福祉サービスの三大生産要素はヒト（生産労働）、モノ（生産手段）、カネ（生産資金）の3点の組み合わせから成り、それら3要素によってサービスを提供するのがサービス管理となる（図9-1参照）。以下、各部門の特徴をみていこう。

まず第一に、サービス管理では例えば福祉サービスの品質を管理すること（品質管理 quality control; QC）が重要である。なお品質管理との関連で、苦情解決システムやヒヤリハットなどのリスクマネジメントの充実も不可欠である。そこで単なるＱＣではなく品質保証（quality assurance; QA）という視点も生まれてくる。

第二に、人事管理では福祉サービスの担い手の水準が重要である。福祉サービスは労働集約的であるため、人事管理には特別な配慮が必要である。福祉サービスを担う専門職の品質管理、例えば国家資格の有資格者をいかに確保するか、正規職員を適当に配置し、パート等の非正規職員をどれだけ確保するかなどが大きく作用してくる。

第三に、施設管理は広義には設備管理を含むので、それを施設設備管理と呼ぶこともある。利用者の居室空間とスタッフの就労空間を兼ねた施設空間は、人間工学的（経営工学的）視点で経営管理することもきわめて重要である。

第四に、財務管理は福祉サービスの運営管理すべてにおいてカネの面から統括することができる。ただ、その一部門である会計管理を財務管理と安直に同一視することは間違いの故《もと》である。それにより、会計管理の立場から財務管理を硬直化させるか狭隘化させる危険性（結果的に経営悪化）も出ることに十分注意する必要がある。[8]

図9-2　福祉供給システムの類型

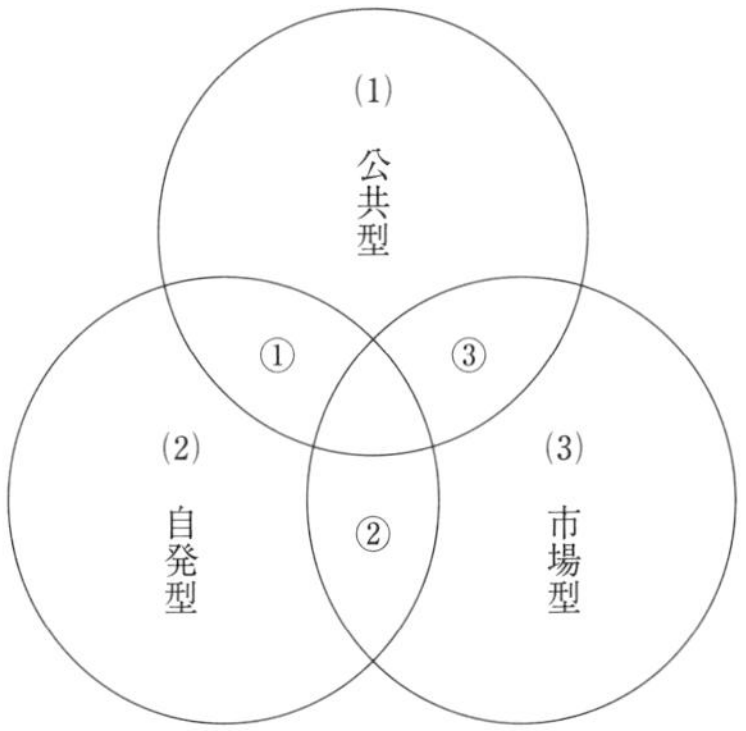

（出典）拙著『長寿社会の戦略』第一法規出版，1987年，114頁の図を修正。

（3）　福祉サービスの供給システム

福祉サービスの経営を論ずるには、その経営主体がなんであるかが問題となる。すなわち社会福祉法人のような公益法人か、あるいは株式会社のような営利法人なのかによって経営の在り方が大きく異なってくる。

そこで福祉サービスの供給システムを、それを運営する経営主体であえて類型化すると、その理念型として次のような3類型が考えられる[9]。

すなわち(1)公的福祉サービスなどの公共的（法定的あるいは非営利的）福祉供給システム、(2)ボランティアなどの自発的（非営利）福祉供給システム、(3)福祉産業などの市場的（営利的）福祉供給システムに大別される（図9-2参照）。これらはあくまで理念型であり、現実に無数のバリエーシ

表9－1　類型別福祉供給システムの長所と短所

	長　所	短　所
(1)　公共型福祉供給システム	• 財政的安定性がある • 品質に信頼性がある • 低所得階層に利用可能である	• 官僚的手続きが煩雑 • 供給量に制約がある • ナショナルミニマムに限界がある • スティグマ問題に絡む
(2)　自発型福祉供給システム	• 住民ニーズに即応できる • 創造的な活動が可能 • サービス提供にムラが起こりやすい	• 財政面で不安定 • 安定性に欠ける時良くも悪くもリーダーの資質に頼らざるを得ない
(3)　市場型福祉供給システム	• 金をかけた高品質のサービスが可能 • 供給主体が多様 • 安定的供給が可能	• 低所得階層には手が届かない • 儲からない地域では品不足 • 供給主体の倒産する可能性

（出典）筆者作成。

ヨンがありうる。そこから古川氏も詳細に検討しているような様々な供給方式の現実態が生じるのである。

各々の供給システムにはある時代、ある地域で、サービス利用者にとってもこの供給システムは現実の供給体制とは区別されたものであり、すでにみた基本的社会システムとの関係でいえば、おおむね(1)は脅迫システムに主として基づくもの、(2)は社交システムに主として基づくもの、(3)は交換システムに主として基づくものといえる。

なお財源との関連では(1)は税が主であり、(2)は寄付が主であり、(3)は利用料が主なものとなる。また(1)～(3)には各々の長所と短所があるので、どの供給システムが最も優れているとか、最も劣っているとかを断定することはできない。例えば生協福祉[10]や福祉公社[11]など、それらの柔軟な組み合わせが重要となる。ちなみに現代日本の社会福祉で、これらのシステムの長所と短所をあえてシェーマ化して表示してみると次のようになる（表9－1参照）。

このように各福祉供給システムには各々長所と短所が存在しているので、この3類型（1）(2)(3)の長所を何らかの形で組み合わせ、さらに市民参加と行政支援も保障した新たな第三セクターとしての福祉供給組織（例えば福祉公社など）も全国各地で創意工夫されてきている。

以上をおさえた上で、そうした供給組織をどのように経営していけばよいのかを具体的に論じていかなければならないだろう。

さてわが国における福祉経営学の構築はその必要性や緊急性が叫ばれても社会福祉学界においても、また社会福祉法人界においてもそれは遅々として進まなかったようにみえる。しかし私がいうのも烏滸《おこ》がましいが、2017年に私が福祉法人経営学会の会長として、問題提起の最初の書『福祉法人の経営戦略』（中央法規出版、2017年初版、2019年新版）をあえて刊行し、新たな段階に突入したと思われる。またそうした状況をふまえて古川孝順氏の社会福祉学体系の書（『古川孝順社会福祉学著作選集〔全7巻〕』中央法規出版、2019年）も刊行されたわけだが、このなかでは私の社会福祉学への批判のみならず、私の福祉経営学の業績についても次のように酷評している。

「その後の京極による福祉経営学の研究も、高齢者福祉にかかる公私の事業や施設の経営問題を中心に展開されている。社会福祉にかかる政策・経営・臨床という各レベルの関係を一つのプロセスとして捉え、そのメカニズムやダイナミズムを明らかにするという議論の展開にはなっていない(12)。」

はたして古川氏は、氏の選集を出版した中央法規出版の拙著『福祉法人の経営戦略』をお読みになったのであろうか。

この本書は、たしかに私自身が経営に関わる社会福祉法人浴風会の事例を中心に語られているものの、不十分ながらも本邦最初の福祉経営学の専門書である。それが見落とされ、まったく話題にもされていない。いずれにしても古川氏からはご自身が一切福祉経営論を展開せず、もっぱら福祉運営論にとどまっている割には、私には手厳しい批判をいただいた。いずれにせよ私どもの福祉法人経営学会にとっても正念場が形成されたわけである。

さて、以上の管理部門別の運営管理を確認した上で、社会福祉法人全体においても他の企業などと同様に達成すべき総効果（P＝Σp）とそれを実現させる費用（C＝Σc）との関連で最も少ない費用で最も高い効果（顧客満足度）を達成する経営効果（P/G）を得ることが究極の経営目標となる。これからの社会福祉法人では福祉サービス特殊性を踏まえてそうした目標を具体化させ、いくつかの経営指標をつかって設定し、それに基づき経営戦略が立てられなければならない時代に入っている。(13)

注

（1）拙著『(新版) 社会福祉法人の経営戦略』中央法規出版、2019年、第Ⅱ部第1章を参照。
（2）法令が特定の者に定めることとの反射として、第三者が受ける事実上の利益。
（3）同(1)、第Ⅴ部参照。
（4）繰り返しになるが、かつて三浦文夫氏はわが国で最初に「社会福祉経営」という用語を使ったが、それは経営学でいう経営（management）ではなく、「社会福祉行政」などを含むソーシャル・アドミニストレーション（social administration）の訳語にすぎなかった。むしろ必ずしも学術的なものではないものの、経営実践者である栗原徹氏の労作『革命的経営戦略』（光芸社、2012年）が意外にも本格的な経営論の端初となっている。
（5）拙著『(改訂) 社会福祉学とは何か』全社協、1998年の第4章第2節を参照。
（6）古川孝順『古川孝順社会福祉学著作選集④　社会福祉学』中央法規出版、2019年、第6章第2

節参照。そこでは野村清・長田浩両氏のサービス経済論が詳しく分析し採用されている。
(7) 注(1)の前掲書、第Ⅴ部第1章第3節及び第4節参照。
(8) 2019年4月から大規模の社会福祉法人に監査法人や公認会計士による監査が法制化され実行されているが、実際的経営はあくまで法人経営全体に関してであり、そのごく一部に会計管理があるにすぎない。拙著『(新版)福祉法人の経営戦略』第Ⅳ部参照。
(9) 拙著『(改訂)社会福祉学とは何か』全社協、1998年、第6章「福祉サービスの供給システム」参照。
(10) 拙著『生協福祉の挑戦』コープ出版、2003年参照。
(11) 拙著『市民参加の福祉計画』中央法規出版、1984年、第20章参照。
(12) 古川孝順『古川孝順社会福祉学著作選集①　社会福祉学の基本問題』中央法規出版、2019年、第4章254頁。
(13) 前掲『(新版)社会福祉法人の経営戦略』第Ⅳ部序を参照。

第10章　社会福祉の臨床論

(1)　福祉臨床の体系

社会福祉の臨床（いわゆる福祉臨床）とは、ひとまず次のように定義しておこう。すなわち、それは「社会福祉サービス利用者に〝体面的な接触〟（インターフェイス interface）を用いて関わるという意味[1]」（佐藤豊道）である。

いうまでもなく私も、「福祉臨床学」の概念的提唱者の一人に入るが、それに対して「福祉臨床学は、旧来のソーシャルワーク実践と旧来のソーシャルワークにとらわれない福祉サービスの実践の科学化の学問体系を総称しているもの[2]」と高い評価を受けている。

なお、「臨床」とほぼ同義の言葉として「実践」があるが、それは社会福祉実践（特にソーシャルワーク実践 social work practice）のみならず政策実践（いわゆる行政運営）や経営実践（経営管理）を含むことから曖昧になりやすい。しかもこうした社会福祉実践はソーシャル

図10－1　福祉サービス実践の範囲

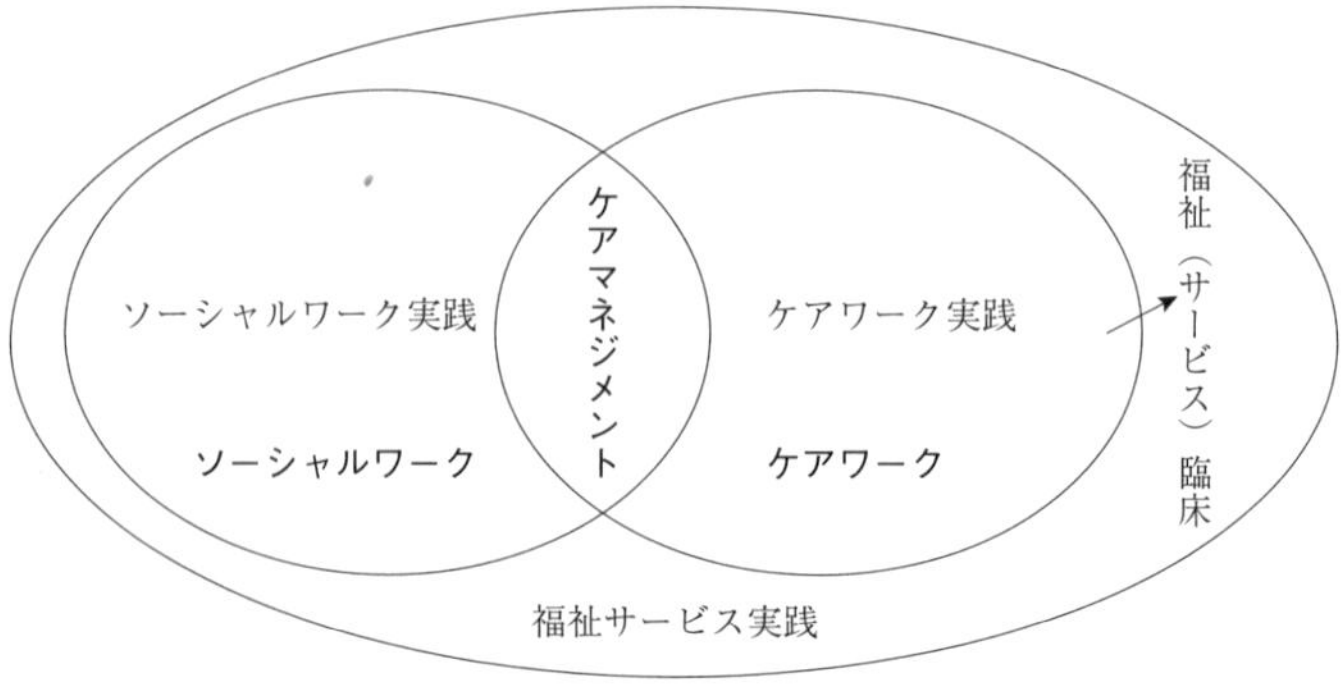

（出典）拙著『現代社会福祉の構図』中央法規出版，1990年，70頁の図にソーシャルワーク，ケアワーク，ケアマネジメントを加え修正。

ワーク実践より範囲も広く、一方では経営（ケアマネジメントなど）を、他方ではケアワークなどを含む。

また同様に「援助」という言葉もあるが、繰り返し述べるように福祉援助（ソーシャルワーク）を中心にするあまりケアワークを排除する可能性がある概念でもあるようだが、それでよいのだろうか。すでにふれたように古川氏は援助の中心を相談援助のソーシャルワークとみて、ケアワークその他を無視ないし軽視する傾向がある。もちろん臨床を援助と置き換えても何らさしつかえはないところもあるが、私はあえて福祉援助でなく福祉臨床という言葉を使うので、医学の臨床医学（clinical medicine）のようなベッド・サイドの臨床概念と誤解を受けやすいところでもある。しかし私としては利用者とサービス提供者のインターフェイスを重視する意味で、クリニカル（clinical）をあえて使うのである[3]。それはすでに述べたように社会福祉の隣接分野である医療や教育を例（傍証ではない）にするとわかりやすい。すなわち医療政策－医療経営（主として病院経営）－医療臨床、あるいは教育政策－教育経営（主として学校経営）－教育実践（教育臨床）がそれである。それによって福祉政策－福祉経営（福祉法人経営など）－福祉臨床（福祉サービス実践）の関係性がより明確になると思われる（図10－1参照）。

（2）福祉臨床のプロセス――福祉臨床の目標・期間・手法

さて福祉臨床を福祉援助と置き換えると、それには①利用者とワーカーの援助関係と②援助プロセス（いわゆる援助過程）の両側面がある。

一方で前者①は、ワーカーと連携する関連専門職（医療スタッフなど）が絡み、また利用者には関係者（家族、友人、同僚、近隣など）が絡んで、同心円的なものとなる。また援助関係には、例えば利用者（クライエント）と援助者（ワーカー）との相互作用が生じることも見逃してはならない[4]。

そこで援助の内容も、援助者と被援助者との関係は、従来の医師と患者のような家父長的関係が望ましくなく、現在の社会福祉では援助者と利用者の相互作用による水平的関係（援助者による伴走者的関係）が求められる。[5] それが本来のソーシャルワークではなかったか。

また他方で後者②は福祉サービスの利用者の初回面接（intake または first contact）をスタートとしてサービス計画－サービス実施－サービス評価というＰＤＳ（plan－do－see）、あるいはＰＤＣＡ（plan－do－check－action）から成り立つ。

ところで、歴史的かつ発展的に福祉サービス実践における援助関係を把握してみると、援助者の専門職化（ソーシャルワーカーとケアワーカー）が進み、戦後わが国では、１９８０年代から１９９０年代にかけてようやくにしてソーシャルワークの国家資格（社会福祉士と精神保健福祉士）とケアワークの国家資格（介護福祉士と保育士）が創設された。そうした専門職の国家資格は福祉職の福祉サービス実践力を高め、福祉サービスの品質向上と信頼確保に寄与したといえる。[6] こうしたことは古川氏の援助論ではまったくといっていいほど言及されていない。

さて福祉臨床（あるいは福祉援助）にとっても、目標（援助目標）の設定はきわめて重要である。そのため、できる限り数値目標化を図ることは福祉臨床学の科学化のための必要条件である。

ちなみに一定期間で実現することが臨床計画（あるいは援助計画）なのである。介護の場合はケアプランがそれに相当する。そして福祉援助が一定期間（援助期間）に各種の援助手法をつかって行われた結果、援助評価も行われる。

こうして社会福祉の表現を借りれば、社会福祉の援助目標、援助期間、援助手法、援助評価、いいかえれば福祉臨床の目標、期間、手法、評価が設定されてこそ、福祉臨床学の科学的な確立（福祉臨床学の生誕）が完成されるのではないだろうか。

（3）福祉サービスの担い手（いわゆる援助者）の専門職化

周知のように社会福祉は、それ以前の社会事業から新たな近現代的な転換をし、さらにその前身たる前近代社会の救済事業や慈善事業などを引き継いで発展してきたものである。特に社会的分業の進展に伴い、社会福祉法人も様々な福祉専門職も、それに関連した過去の民間社会事業分野が国や地方の他の事業から相対的に独立してきて発展してきた。現在ではそれらの力が主力となって、将来の地域共生社会を形成しつつあるといえる。したがって古川氏の社会システム論のようにいかなる時代にも「共生社会」が総体社会の基底に存在すると主張することは、非歴史的かつ非社会科学的なとんでもない発想なのである。

さて社会的分業が職業の専門化にも影響を及ぼすことはいうまでもなく、かつては福祉サービスの担い手も分業化がさほど進んでいなかった。それが先にふれたように戦後日本に新たな社会福祉が確立する中で、まずは社会福祉主事と保母が任用資格として誕生し、やがて1987年社会福祉士法及び介護福祉士法の成立により、社会福祉士と介護福祉士が最初の国家資格として誕生した。それに連動して、精神科ソーシャルワーカー（PSW）も精神保健福祉士として国家資格化され、任用資格の保育士も国家資格化された(7)。また新たな福祉職のソーシャルワーク（社会福祉援助技術）は旧来のベイシック・シックスの一部であるケースワーク、グループワーク、コミュニティ・オーガニゼイションを乗り越えた統合化理論(8)などに基づく展開を見せている。

このように福祉サービスの担い手もケアワーカーとソーシャルワーカーの各々が専門分化し、国家資格化されたわけである。これが福祉サービスの実践（福祉臨床）の深化にとって、きわめて重要なことであることはいうまでもない。しかしながら古川氏の援助論ではこうした福祉専門職の存在がまったくといって議論されておらず、誠に不可解である。

（4）福祉ボランティアと福祉臨床

ところで近年における福祉サービスや福祉活動においては、専門職の中核的支えが必要条件となっているものの、各種のボランティア活動や市民活動の活発化も顕著になっている。政府も21世紀の超高齢社会における地域共生社会の実現を目指しているが、そこには地元行政、社協、社会福祉法人、医療機関などといった団体の連携のみならず、福祉専門職、医療職、教育職などの各種専門職の連携も不可欠である。(9) 加えて各種ボランティアや市民参加も望まれている。

そこでボランティア活動の意義と役割について若干ふれると、社会福祉が政策－経営－臨床に分けて議論できるように、ボランティアに関する政策論的論議、NPO法人も含めてボランティア団体に関する経営論的論議と、ピアカウンセリングも含めたボランティア活動に関する臨床論的論議とに分けてみることも十分に可能である。

しかし福祉サービスや福祉援助の利用者や市民との関係では、それが直接処遇関係か間接処遇関係かの如何を問わず、あくまでフェイス・ツー・フェイスの臨床的関係を重視しなくてはならない。

生活困難を抱えている利用者などは、ある意味で行政機関や専門職と相談する以前に、近隣住民や民生委員やボランティアなどとまず接触しているので、その役割は決して小さくない。むしろ、そこで解決できれば幸運であり、どうしても専門職の力や行政的支援（公的なサポート public support）が必要な場合は、そうした援助の手を借りればよいのである。

福祉臨床との関わりでは、ボランティアは有償であろうと、無償であろうと、異なる三つの性格、すなわち①自発性、②創造性、③無給性を有している。それは、一般的に流布しているボランティアの三大特性、すなわち(1)善意性、(2)先駆性、(3)無償性とはやや性格が異なるものである[10]。

いずれにしても、現代日本の地域社会にとって地元行政（市町村）や福祉団体（社協や民生委員や町内会など）と並んで、ボランティアの役割（例えば災害対策のＮＰＯ法人サンダーバードなど[11]）に期待するところはきわめて大きい。

もちろん、ボランティアの位置付けに関してはいろいろ議論のあるところだが、私としては、図10－2のように整理している。すなわちボランティア活動は広義の慈善活動の一環であるが、「有償」ボランティアに関しては、ボランティア活動に含めることが妥当であると考えられる。「有償」ボランティアが求めるのは労働の対価（有給）はなく、交通費などの実費弁済への支払い（有償）にすぎないからである。

図10－2　ボランティア活動の関係図

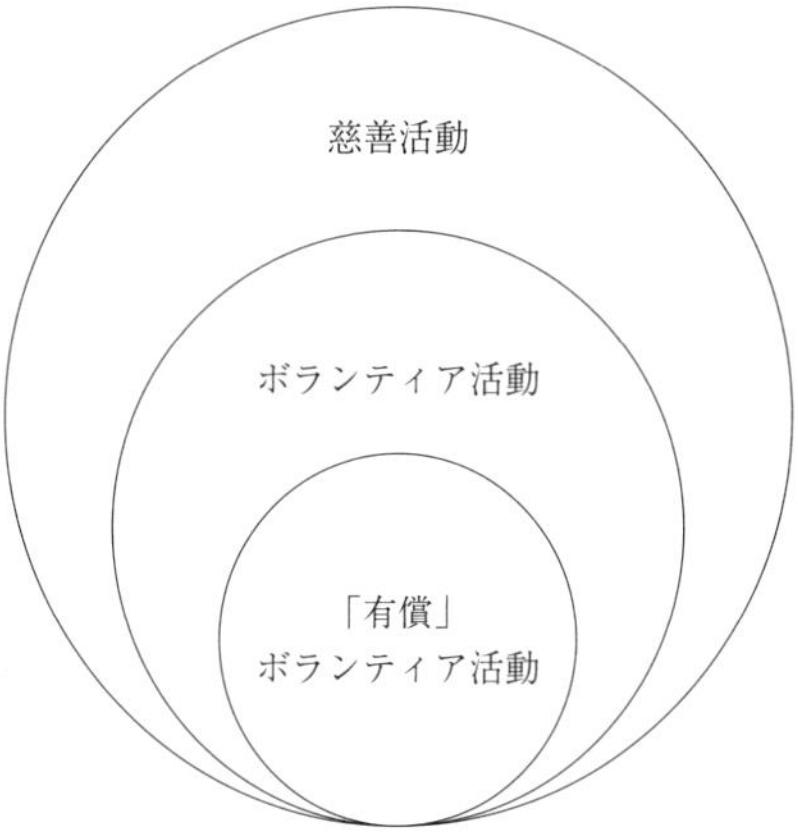

（出典）拙著『（改訂）社会福祉学とは何か』全社協，1998年，127頁。

いずれにしても地域共生社会にとって、福祉サービスとボランティア活動との関係は、いわば車の両輪としての相互補完的関係にあり、両者のパートナーシップの確立が不可欠であろう(12)。

近年、社会福祉法人の最大の課題は人材確保となっている。そのため前向きな社会福祉法人は、人材派遣業者に依存するのではなく、給与条件の改善や福利厚生に取り組みつつ、職員研修の充実、特に内部研修体制の充実に意欲的である。それにより職場の雰囲気が明るくなり、給料にそれほど変化がなくても職員の勤務姿勢が意欲的で、かつ地域住民に開放的になるといわれている。人材確保は地域のニーズの掘り起こしと同様に、ボランティアの開発にも貢献するものである。

いずれにしても社会福祉法人の研修は、未資格者の労働能力を高め、社会福祉士及び介護福祉士等の国家資格の取得に道を開き、かつ有資格者のオン・ザ・ジョブ・トレーニング（on the job training）としても有効であり、内部研修によってその指導に当たるトップ・マネジャーやミドル・マネジャーの力量を高めるものとなる。社会福祉法人の中には大胆にも海外研修を組み込んでいるところさえもある[13]。

注

（1）佐藤豊道「福祉臨床学」『現代福祉学レキシコン』雄山閣、1993年、102〜103頁。

（2）同（1）。

（3）ちなみに児童臨床との関連では石井哲夫『自閉症への援助技術』チャイルド社、1990年参照。

（4）拙著『（改訂）社会福祉学とは何か』中央法規出版、1995年、第2章参照。

（5）この関係の原典としては奥川幸子『身体知と言語』中央法規出版、2007年、第1章参照。なお伴走的関係に関しては、奥田知志・稲月正・垣田裕介・堤圭史郎『生活困窮者への伴走的支援』明石書店、2014年が最も詳しい。

（6）拙著『（新版）日本の福祉士制度』中央法規出版、1992年、第5章及び終章参照。

（7）同（6）。
（8）ソーシャルワーク統合化理論については、H・スペクト『福祉実践の新方向』京極高宣・高木邦明監訳、中央法規出版、1991年参照。
（9）拙著『（新版）福祉法人の経営戦略』中央法規出版、2019年、第Ⅵ部第3章参照。
（10）拙稿「社会福祉の民間非営利団体とボランティア活動」拙著『（改訂）社会福祉学とは何か』全社協、1998年、第4章3節所収。
（11）小山剛『地域包括ケアの原点——小山剛の仕事』第一法規、2019年、第5章参照。ちなみに小山はソーシャルワークのベイシック・シックスのすべてに長けていた。
（12）同（10）、参照。ちなみに偉大な経営学者であるP・ドラッガーも非営利組織として福祉サービス供給組織（例えば社会福祉法人など）とボランティア組織を同一視し、両者の相違を見落としている。拙著『（新版）福祉法人の経営戦略』中央法規出版、2019年、2019年新版、第Ⅴ部第1章第3節「ドラッガーによる非営利組織の単純化」を参照。なお本書では地域社会の絆を表す社会関係資本（ソーシャル・キャピタル）については十分論及していない。
（13）斉藤正身『医療・介護に携わる君たちへ』幻冬舎、2017年、第4章参照。

終　章　社会福祉学のさらなる探究のために

私は序章で、社会福祉学成立のため諸要件、とりわけ①学問的範疇の抽出、②学問的体系の整備、③学問的方法の確立、の主な三要件について若干ふれてみた。そして本書では②学問的体系を中心に展開してきた。それは、私が初学者のために執筆した『社会福祉学とは何か』（全社協、1995年初版、1998年改訂版）――どういうわけか古川氏が私の代表作のように扱われているものの――にとどまらずそれ以前の専門書、例えば拙著『現代福祉学の構図』（中央法規出版、1990年）などやその後の拙稿（1995年以降2010年代までの論稿）などいろいろな文献に書き散らかしてきた論集を改めて採集し、整理し直す作業を伴った。そうした作業を通じて古川氏などが比較的まとまった初期の拙著『社会福祉学とは何か』を批判の俎上に載せたのも、私の不徳の致すところで無理からぬと思わざるを得なかった。著者の私自身でも十分に採集、整理できないものを、第三者の他人が、まして古川氏のような大家ができるわけがないからであり、その責任はすべて私にある。

ただし、ここで改めて指摘しておきたいことがある。それは私の主著を1995年（四半世紀前）に出版された『社会福祉学とは何か』として批判対象としているが、これは新入生や初学者を対象とした教科書なのである。しかし巻末の著書一覧を一見してわかるように、本書までの私の単著は、T①～T⑩までの10冊程度の業績しかなく、それ以降、T⑫～T㊺まで」四半世紀に30冊余の関連文献を出版しており、古川氏は私の『著作集』T㉘の1以外にはほとんど目を通していないことである。もちろん、この30冊余のうち、すべてが社会福祉学体系に関係あるものとは言えないが、そのほとんどが本書で参考にふれているように古川氏の反批判の根拠となっているものである。しかも中央法規出版で出版された『福祉法人の経営戦略』（2017年）は、本邦初の福祉経営書であるにもかかわらず氏は先の第一巻で、京極は高齢者福祉を除いて経営論にさしたる業績がないと出版元の中央法規の自著でうそぶいているのであきれてものが言えないと言わざるを得ない。

さて、ここまでくると、私が宿題としてきた③学問的方法（academic methodology、またはscientific methodology）についても論究しなければならないだろう。とりわけ、例えば古川説またはそれ以前の三浦説その他に最も欠けていたのが学問的方法論だったからである。ただここで注意を要するのは、すでにふれたように他の科学をもって学問的にアプローチすること（例えば福祉社会学、福祉法学、福祉心理学他の福祉〇〇学）ではなく、社会福祉固有の内部構造から生まれた学問的方法を論じなければならないということである。結果的にはすでに古川氏がかつて認めたように、私は社会福祉の三相構造（あるいは三層構造）はある種の学問的方法であると考えている。従来のように、一方でタテ割り分野論的に児童福祉、障害福祉、老人福祉、低所得者福祉などに分けたり、他方でヨコ割り領域論的に地域福祉、医療福祉、司法福祉などに分けることは、学問的な方法としては、きわめて初歩的な取り組みにとどまっているといわざるを得ない。この点、社会福祉の三相構造はむしろ各々の分野や領域を政策論的に掘り下げたり、経営論的に分析したり、臨床論的に深めたりすることで個別研究を進展させるので、まさに学問的方法となっていると思われる。

ところが、例えば古川氏はある専門的課題に関して視点と枠組み（its aspect and framework）を用意してあればそれなりに学問的に確立していると安直にみているふしがある。

しかし、視点と枠組みについては、第一に社会福祉学全体について語る場合と、第二に個別課題について語る場合と、では様相がまったく異なる。実は後者は他の学問の個別領域でも、例えば犯罪心理学の個別研究がある事件を扱う際にもその視点と枠組みは重要であり、時には必要不可欠なものである。前者の社会福祉学全体にとっての視点と枠組みについては、個別研究課題に関する視点と枠組みとは峻別され、人々の自立した生活を支援する制度、運営、実践とにきわめて体系的なものを用意して、あらためて人々の自立支援を目的とした社会福祉学の視点に立った枠組みが論じられなければならないだろう。

そのような体系は要援護の人間の生活自立を支援する視点に立つ臨床の立場に対しても、また経営の立場に対しても、政策の立場に対しても、何ができているか何をなすべきかを示唆するものでなければならない。とすれば、政策‐経営‐臨床の三相（または三層）構造論は、そうした視点と枠組みを提供することにもなるだろう。

ところでわが国の学術会議では社会福祉学は社会学委員会に属している。そのこととの関連で「社会福祉実践の領域に属し、社会学の応用分野である」と誤解されやすい。古川氏にしても前者は肯定できるが、後者は肯定しがたいとして様々な反論を試みている。この点では私は古川氏の方が正しいと思っている。もちろん社会福祉の分野で社会学は、時には経済学以上に強力な基礎科学的武器の一つとなり、その応用が社会福祉研究にとって大いに役立ってきたことは否定しがたい。しかし社会福祉学は社会学の単なる応用に過ぎないのかといえばノウ（否）である。周知のように社会福祉への学問的アプローチとして、経済学、社会学、政治学（行政学を含む）、法学、心理学などが存在し、それによって学際的研究は可能となる。しかし例えば社会福祉学と社会学が19世紀末のアメリカ社会科学協会の活動から同根の親類的関係をもって生まれたものとしても、次のように古川氏が定式化していることははたして正しいのか。

「社会問題やその背後にある社会現象について法則定立的な視点から関心を持つ集団と、社会問題を実際的に緩和、軽減、解決することに関心を持ち続けた集団に分化していった。私の理解では、前者の集団が社会学の淵源となり、後者の集団が社会福祉学の領域を形成した。(1)」

たしかにアメリカでは表面的に前者が社会学の誕生に寄与し、後者は社会福祉実践（特にソーシャルワーク実践）として体系化されたとしても、こと社会福祉学となると、社会福祉実践から相対的に独立した学問分野として法則定立的な要素をもたざるを得ない。社会福祉学はなにも個別記述的な要素に限定されるものではないのである。逆に社会学的研究でも個別記述的要素の濃厚な研究は数多く存在する。

このように考えてくると、古川氏は社会学と社会福祉学との区別をあたかも法則定立的学問と個別記述的学問との区別に求めているようであるが、まったく見当違いである。多少のウエイトの差はあれ、社会学と社会福祉学はともに二つの要素を兼ね備えているのであり、両者に根本的相違はない。むしろ相違があるのは、社会福祉学自体と社会福祉実践（特にソーシャルワーク実践）との間においてである。実践（または実際）自体と学問的認識の区別が曖昧なのが、古川氏を先頭とする従来の社会福祉研究者グループなのではなかろうか。

このような誤解に基づき、古川氏は社会福祉学の論争について次のような誤った総括をしている。

「個別性の追求というアプローチの仕方は、社会福祉学の重要な特徴の一つである。社会福祉学の方法は、一般化、普遍化を求める法則定立科学的というよりも個別性を重視する個別記述科学的である。(2)」

ただ、氏もこのような決めつけは社会福祉学におけるマクロレベルの政策論的アプローチの否定になりかねないことに気がついて、「このような政策的対応も、最終的には個人、家族、地域社会レベルにおける問題状況の緩和、軽減、解決に繋がらなければ成果があったとはいえない(3)」として、「個人、家族、地域社会に個別的アプローチする、個別的ないし個別記述的な社会福祉学独自の研究方法が求められることになる(4)」と述べている。

なお個性記述性はなにも社会福祉学にのみ特有なものでなく、他の人文科学や社会科学においても、例えば臨床心理学においても特別支援教育学その他においても、必要不可欠なものである。そのことを、かつて臨床心理学を深く学んだはずの古川氏がまったく認識していないのは不可思議である。

また古川氏は、ドイツ社会政策学派のようなまったく古典的なトリアーデ（対象、主体、方法）の意味を詳細に分析しないで、それを安直にアカデミックな学問的方法と信じ込んでいるように思われる。もちろん、すでにふれたように社会政策論では対象は社会問題で、主体は社会国家で、方法が社会政策なのである。これを社会福祉論にひきつけてみると、対象は福祉問題（生活困難）で、主体は福祉国家（福祉行政）で、方法が社会福祉（特に生活支援）ということになる。しかし古川氏はそうしたことを理解しておらず、対象、主体、方法を独特な形で適用して社会福祉学に学問的権威を与えようとしているかにみえる。もし、そうした安易な適用をしなければ、私のいう社会福祉の三相（または三層）構造（政策－経営－臨床）

においては、(1)政策論では、対象が福祉問題（生活困難）で、主体が福祉行政（国及び地方）で、方法が社会福祉（福祉サービス及び公的扶助）ということになる。また(2)経営論では、対象は当該法人の経営状況で、主体は福祉トップマネジャーで、方法は福祉経営手法となる。さらに(3)福祉臨床論では、対象はハンディキャップをもつ人々の福祉ニーズで、主体が福祉専門職（ソーシャルワーカーやケアワーカー）で、方法はソーシャルワークやケアワーク、あるいはケアマネジメントなどとなる。ところが、古川氏にはこうした相対的な理解が必ずしもなく、特に経営論にかつての福祉措置時代のような制度適用イコール運営管理イコール経営という古い誤った図式を固守している。私のオリジナルな三相（あるいは三層）構造論を彼の政策‐経営（制度）‐援助の三層構造説に置きかえて、「〝換骨奪胎〟の盗作」（偉大な古代学者の古田武彦〔1926～2015年〕の表現）をして、私の批判を行っているかにみえる。

ちなみに、約20年近く前には拙著『京極高宣著作集（全10巻）』（中央法規出版、2002～2003年）の第1巻『社会福祉学』の「解題」で、古川氏は私の社会福祉三相構造論を他の社会福祉研究者と比べて、最もオリジナルなものと評価しているかのごとく、次のような的確な指摘をしていた。

「著者〔京極―引用者〕によれば、社会福祉を政策、経営、臨床という三相に分かつことは社会福祉の実態に迫る方法であり、同時に社会福祉学を社会福祉学たらしめる学問研究の方法である。[5]」

ところがすでにみたように、古川氏のその後の論説によって、近年では私が80年代から90年代初めにかけてのマクロ－メゾ－ミクロの三層構造説を唱えた一連の研究者「新中間理論」の末席に、いつの間にか位置付けられている。そこでは私の学説が日社大時代にも、三浦文夫氏や高澤武司氏などの不完全な学説、すなわち経営イコール運営イコール管理といった社会福祉行政論の後塵を拝したかのごとく、あるいは三浦・高澤両氏などのエピゴーネンのごとく格下に扱われている。

さて最後に、古川氏の社会福祉学の成熟化の構想についてみることにしよう。

彼は自己の学生時代を振り返り、経済学、社会学、法学、歴史学、心理学その他の基礎学問を武器に社会福祉学の様々な課題に挑戦していた優れた先達に日社大で社会福祉を学んできたが、それを社会福祉にかかわる専門的知識、理念や思想として取りまとめ体系化する手続きは、先生方ではなく古川氏を含む学生たちに一任されてきた嫌いがあったとしている。

そして今度は教員となって社会福祉の研究を一つのディシプリンとして構築してみようと、古川氏は約45年間努力してきたという。その結果は、すでに紹介した古川社会福祉学の体系であり、少しそこに飛躍もあるが、「学際科学から複合科学へ、さらに融合科学へ」[6]というのが社会福祉学の成熟化への道だというのである。

この古川社会福祉学成熟化論にも、いくつかの問題点が感じられる。やや繰り返しの感もあるが、重要なところなので、あえて述べれば以下のようである。

その第一は、学際科学とは現状の社会福祉学の状況（ザインとしての社会福祉）ではないか、ということである。[7]というのも社会福祉学の構造は、一方で学際的研究（interdisciplinary research）の側面があり、他方で複合科学的研究（multi-scientific research）の側面をそもそも持っているからである。両者は単一の基礎科学（simple basic science）などに対する反対概念であり、一方で複合科学はいくつかの基礎科学をベースに、例えば福祉社会学、福祉経済学、福祉法学、福祉行政学などが構築されて社会福祉学の全体をカバーするものであり、他方で学際科学は児童福祉、障害福祉、老人福祉などでは児童学と発達心理学との連携、障害学とリハビリ工学との連携、老年学と医学との連携など学際的研究が不可欠である。したがって、複合科学性と学際科学性は社会福祉学にとって同時併存しているので、古川氏の主張するように、学際科学→複合科学へと一方的に発展するものでは必ずしもない。もちろん研究手順としては、そうなるケースもありうるが、逆に複合科学→学際科学へという研究手順も当然あるのである。

また第二に、学融合による統合（融合科学）への発展に関しては、はたして融合科学という存在が近い将来出現するのかがはなはだ疑問がある。というのも融合科学は他の学問方法（自然科学や工学などを含めて）でも将来の目標概念（あるべき姿という意味での sollen）であるから、社会福祉学においても、そうした将来像が描けられればよいという当面の強い願望に過ぎないからである。その提唱者の一人、似田貝香門氏（東大名誉教授）はすばらしい言葉を残している。

「〝学融合〟を試みる領域創造という学的営為は、分水嶺を超えた海図なき領域を近代科学が越えた問題を反省しつつ、新しい時代の科学技術の再設計に向かって、否応なしに突き進んでいく研究教育運動にほかならないでしょう。」（『京極高宣著作集① 社会福祉学』中央法規出版、2001年の扉の口絵に付けられた金言）

このように、学融合は必ずしも社会福祉学だけの固有分野ではなく、とかく蛸壺に籠りがちな大学のアカデミックな研究教育者に活を与える学術運動なのである。理想としては望ましいが、現状ではとてもただちに実現できそうにもない代物である。もちろん、私も古川氏らと共に社会福祉学がそうしたレベルに到達することを願い続けてやまないことは確かである。それにしても、わが国で数少ない社会福祉理論の大家である古川氏が日本社会福祉学の会長職等を経て、どうにかやっとたどり着いた心境（お山の大将的気分）は大きな錯覚であるといえないだろうか。これからの長い社会福祉の学問史からみれば、実際には気の遠くなる遠方の崇高な連山（峰々）の麓の小高い丘にいるだけのことなのではないだろうか。私は、古川氏のようにアカデミックな学者と異なり書斎に閉じこもらず、これまで浅学菲才ながら数々の福祉政策課題などに真正面から挑戦してきたつもりであり、今後も命のある限り、そうしたいと願っている者の一人である。現在は、社会福祉法人のトップリーダーとして社会福祉法人の経営論に果敢に挑んでいるつもりだが、そこは古川氏より多少は謙虚な気持ちで社会福祉学の研究、そして分野各論としての福祉経営学の探究にむけて地道に取り組んでいきたいと思っている。

以上、社会福祉学の再構築に向けて、わが国社会福祉学界の重鎮である古川孝順氏の労作

『古川孝順社会福祉学著作選集（全7巻）』（中央法規出版、2019年）の第一巻『社会福祉学の基本問題』を中心に批判的な検討を行いつつ、私の社会福祉論を振り返り、社会福祉学に関する若干の問題提起を行ってきた。ここで旧著『社会福祉学とは何か』（全社協、1995年）の結びを社会福祉学に関する私なりの未来像として再度引用してみたい。

「社会福祉学とは、（中略）現代の学問のなかで最も人間くさく泥くさいかもしれませんが、ある意味で最も複雑かつ深遠で、最も学際的、多元的な学問です。それは二十世紀末の社会福祉実践の成果を土壌として、確実に二十一世紀において華麗に開花する大輪の花となるでしょう。(8)」

なぜ「華麗に開花する大輪の花」となるのか、に言葉を添えれば、すべての応用科学あるいは実践科学のうち、社会福祉学が最も豊かな学際的で多角的アプローチなどが必要であり、それらをすべて美事に包摂するものだからである。

注

（1）古川孝順『社会福祉学の探求』誠信書房、2012年、4頁。
（2）同上、7頁。
（3）同上、8頁。
（4）同上。
（5）古川孝順「解題」『京極髙宣著作集① 社会福祉学』中央法規出版、2001年、所収。
（6）古川前掲『社会福祉学の探求』誠信書房、2012年、6頁参照。
（7）神野直彦「社会福祉学と財政学」（日本社会事業大学『研究紀要』第64集、2018年）の巻頭言参照。氏の財政学の学際性と社会福祉学との対比が短いエッセイの中で興味深く語られている。
（8）拙著『（改訂）社会福祉学とは何か――新社会福祉原論』全社協、1998年、148頁。

あとがき

本書の直接の執筆動機は、古川孝順氏が自己の社会福祉研究を締め括るための浩瀚《こうかん》な著作集『古川孝順社会福祉学著作選集（全7巻）』（中央法規出版、２０１９年）を刊行し、その中の書き下ろし本（特に第1巻『社会福祉学の基本問題』）で、私が約四半世紀前に発表した社会福祉学のアイデアとフレームワークを巧妙に借用して、自説を展開し、その中で私のオリジナルな社会福祉三相構造論を厳しく批判していることに衝撃を受けたことである。その内容は本文でも詳しく触れているが、京極理論の「〝換骨奪胎〟の盗作」（古田武彦）と有識者から非難されても仕方ないような代物であった。

しかし、よく考えてみると古川氏の考察は、わが国社会福祉学界の代表者の立場から学界の常識的見識を広く披露しているかもしれないので、私による古川説への詳細な反批判も多くの社会福祉研究者の疑問へのそれなりの回答になっていると思うようになった。

私も古川氏と同世代で若い頃にはマルクス主義の強い影響にあったので(1)、あえてエンゲルスの『反デューリング論(2)』を比喩して次のように述べさせていただく。

かつてマルクス主義の共同創説者、F・エンゲルスが同志K・マルクスと相談しながら『反デューリング論』(正式名は『オイデン・デューリング氏の科学の変革』1878年初版)を執筆したときと酷似している。ベルリン大学私講師で盲目の哲人デューリング氏がドイツ社会主義の理論的指導者として登場して幅広く体系的に反体制的学説を出したことにエンゲルスが真っ向から応じて、マルクス主義の原則を幅広く、哲学、経済学、政治学などにわたって展開できたことにちなんで(3)、私も、いわばプチ・デューリング氏としての古川氏の諸説を詳細に検討して、かつて私がいろいろなところで書き散らしたものを再結集し、自説の至らぬところは補いつつも、これまで以上に体系的に語ってみることができたからである(4)。これも、ある意味で古川孝順氏のおかげと感謝している次第である。

その際、古川氏のアカデミックな言説に対して、厳しすぎる原則的批判を加えたところもあると思われるが、それは古川氏の学問的姿勢や論理的対応などを見下したりけちをつけるためでは決してない。あくまで古川氏の理論的欠陥をより明確にし、かつ私の社会福祉理論を改めて披露するためであることで、ご容赦いただきたい。

本書は、1995年に初学者向きの『社会福祉学とは何か——新社会福祉原論』(全社協、1995年初版、1998年改訂版)を刊行して以来、約四半世紀たっての私なりの社会福祉原論的解説であり、その間の私の社会福祉研究の成果も幾分盛り込んである。もちろん、この間は社会保障・人口問題研究所の所長として社会保障研究に、また社会福祉法人浴風会理事長として福祉経営学などに研究関心が移っており、社会福祉学（特に社会福祉原論）の諸文献に十分に目を通してきたとはいえない。そのため本書には文献学的な欠点も少なからず見うけられると思うが、私の社会福祉学のほぼ全貌を初めて明らかにすること（いわば私の遺書というべき理論書）が一応できたことに免じて、こうした不十分さについてはご勘弁いただきたい。

ここで最後になるが、いわゆる福祉書(5)が近年停迷している折に、本書の刊行を許してくれたミネルヴァ書房社長の杉田啓三社長に深甚な謝意を申し上げたい。また厄介な編集の労をとってくれた編集部の柿山真紀氏及びパソコンで清書をしつつ適切な助言をいただいた宮島敏氏（浴風会本部研修部長）に、さらにまた本書執筆中に私が最も信頼する新進気鋭の研究者潮谷有二氏（長崎純心大学教授）から適切な助言をいただいたことに感謝の意を表したい。

いずれにしても本書が社会福祉原論を中核とした私の社会福祉学体系のほとんどすべてのエッセンスが網羅されている唯一のものであることは確かである。そこで本書をタタキ台として、社会福祉学の将来へ向けて特に21世紀中葉に活躍が期待される若手・中堅の社会福祉研究者のより専門的なご検討をお願いして本書のむすびとしたい。

注

（1）拙著『わが青春のマルクス主義』花伝社、2019年参照。

（2）F・エンゲルス『反デューリング論（上・下）』栗田賢三訳、岩波書店、1980年。本書はエンゲルス『空想から科学へ』の原本である。

（3）レーニン「マルクス主義の三つの源泉と構成部分」『マルクス主義の三つの源泉と三つの構成部分カール・マルクスほか』高橋勝之・大沼作人訳、新日本出版社、1999年所収、参照。レーニンによれば「驚くべき内容豊富な教えるところの多い書物」で、彼の論文「マルクス主義の三つの源泉と構成部分」のいわば種本といえるものだが、以下の点でレーニンはきわめて不正確である。まず(1)哲学―ドイツ観念論哲学、(2)経済学―イギリス政治経済学、(3)社会主義―フランス社会主義という定式化は、(1)の哲学ではヘラクレイトス弁証法のギリシャ哲学等が無視され、(2)の経済学ではマルクス『資本論』第1巻の柱をなすヘーゲル『法の哲学』での市民社会論の影響が見落とされ、また(3)の社会主義ではロバート・オーウェンの協同組合社会主義の影響などを軽視しているなど、きわめての短絡的見解である。

（4）古川孝順『社会福祉学序説』有斐閣、1999年、第5章の1。

（5）拙著『福祉書を読む』ドメス出版、2014年、序章参照。

著書一覧

単著

T①『社会福祉における〝受益者負担〟の問題構造』東京都民生局、1979年3月。

T②『市民参加の福祉計画――高齢化社会における在宅福祉サービスのあり方』中央法規出版、1984年12月。

T③『長寿社会の戦略――市民参加型福祉経営のあり方』第一法規出版、1987年6月。

T④『福祉専門職の展望――福祉士法の成立と今後』全国社会福祉協議会、1987年12月。

T⑤『明日の福祉をめざして』中央法規出版、1987年12月。

T⑥『老いを考える――明日のライフデザイン』中央法規出版、1990年4月。

T⑦『現代福祉学の構図』中央法規出版、1990年7月。

T⑧『日本の福祉士制度――日本ソーシャルワーク史序説』中央法規出版、1992年1月。

T⑨『高齢者ケアを拓く』中央法規出版、1993年4月。

T⑩『老人保健福祉計画――どう準備し どう作るか』東京法規出版、1993年9月。

T⑪『社会福祉学とは何か――新・社会福祉原論』全国社会福祉協議会、1995年4月。

T⑫『福祉の経済思想――厳しさと優しさの接点』ミネルヴァ書房、1995年5月。

T⑬『介護革命――老後を待ち遠しくする公的介護保険システム』ベネッセコーポレーション、1996年12月。

T⑭『介護保険の戦略――21世紀型社会保障のあり方』中央法規出版、1997年6月。

T⑮『(改訂) 社会福祉学とは何か』全国社会福祉協議会、1998年4月。

T⑯『少子高齢社会に挑む』中央法規出版、1998年8月。

T⑰『(新版) 日本の福祉士制度――日本ソーシャルワーク史序説』中央法規出版、1998年12月。

T⑱『社会福祉をいかに学ぶか――社会福祉教育の現状と課題』川島書店、2000年3月。

T⑲『社会福祉学小辞典』ミネルヴァ書房、2000年4月。

T⑳『京極高宣のぴかぴか対談』全国社会福祉協議会、2000年11月。

T㉑『この子らを世の光に――糸賀一雄の思想と生涯』日本放送協会、2001年2月。

T㉒『21世紀型社会保障の展望』法研、2001年4月。

T㉓『儒教に学ぶ福祉の心――『言志四録』を読む』明徳出版社、2001年9月。

T㉔『生協福祉の挑戦』コープ出版、2002年5月。

T㉕『福祉社会を築く』中央法規出版、2002年8月。

T㉖『障害を抱きしめて――共生の経済学とは何か』東洋経済新報社、2002年9月。

T㉗『児童福祉の課題』インデックス出版、2002年10月。

T㉘『京極高宣著作集 (全10巻)』中央法規出版、2002~2003年。

T㉘1『〈1〉社会福祉学』2002年11月。

T㉘2『〈2〉専門職・専門教育』2002年11月。

T㉘3『〈3〉福祉計画』2003年2月。

T㉘4『〈4〉介護保険』2002年12月。

T㉘5『〈5〉社会保障』2003年1月。

T㉘6『〈6〉福祉政策の課題』2003年3月。

T㉘7『〈7〉福祉思想』2003年3月。

T㉘8『〈8〉講演集（1980年代～90年代前半）』2002年12月。

T㉘9『〈9〉講演集（1990年代後半以降）』2003年2月。

T㉘10『〈10〉随筆・抄拾』2003年1月。

T㉙『介護保険改革と障害者グランドデザイン――新しい社会保障の考え方』中央法規出版、2005年3月。

T㉚『国民皆介護――介護保険制度の改革』北隆館、2005年3月。

T㉛『動くとも亦悔无からん――日本社会事業大学学長としての十年』中央法規出版、2005年7月。

T㉜『国民皆介護――障害者自立支援法の成立』北隆館、2005年10月。

T㉝『障害者自立支援法の解説』全国社会福祉協議会、2005年12月。

T㉞『生活保護改革の視点――三位一体と生活保護制度の見直し』全国社会福祉協議会、2006年10月。

T㉟『社会保障は日本経済の足を引っ張っているか』時事通信出版局、2006年11月。

T㊱『社会保障と日本経済――「社会市場」の理論と実証』慶應義塾大学出版会、2007年8月。

T㊲『（研究ノート）新しい社会保障の理論を求めて――社会市場論の提唱』社会保険研究所、2008年2月。

T㊳『障害者自立支援法の課題』中央法規出版、2008年5月。

T㊴『医療福祉士への道――日本ソーシャルワーカーの歴史的考察』医学書院、2008年5月。

T㊵『生活保護改革と地方分権化』ミネルヴァ書房、２００８年5月。

T㊶『最新障害者自立支援法逐条解説』新日本法規出版、２００８年5月。

T㊷『福祉サービスの利用者負担――公共サービス料金の社会経済学的分析』中央法規出版、２００９年５月。

T㊸『共生社会の実現――少子高齢化と社会保障改革』中央法規出版、２０１０年11月。

T㊹『福祉レジュームの転換』中央法規出版、２０１３年7月。

T㊺『福祉書を読む』ドメス出版、２０１４年10月。

T㊻『障害福祉の父　糸賀一雄の思想と生涯』ミネルヴァ書房、２０１４年12月。

T㊼『福祉法人の経営戦略』中央法規出版、２０１７年12月、初版。

T㊽『(新版) 福祉法人の経営戦略』中央法規出版、２０１９年11月。

T㊾『わが青春のマルクス主義』花伝社、２０１９年12月。

監修・共編・訳監著

K①『未婚の母たち（上・下）』アンジェラ・ホプキンスン著、五味百合子共訳、連合出版、１９８０年6月。

K②『社会資本の理論』川上則道共著、時潮社、１９８４年3月。

K③『欧米福祉専門職の開発』古瀬徹共訳、全社協、１９８７年4月。

K④『民間活力とシルバーサービス』隅谷三喜男共編著、中央法規出版、１９８７年12月。

K⑤『社会・介護福祉士への道――その役割と資格のとり方』板山賢治共編、エイデル研究所、１９８８年6月。

K⑥『福祉政策学の構築――三浦文夫氏との対論』小林良二・高橋紘士・和田敏明共編、全国社会福祉協議会、1988年6月。

K⑦『社会福祉士・介護福祉士資格のとり方Q&A』板山賢治共編、エイデル研究所、1988年12月。

K⑧『福祉士の待遇条件』中西洋共編著、第一法規出版、1990年11月。

K⑨『福祉実践の新方向　人間関係と相互作用の実践理論』高木邦明共監修、中央法規出版、1991年2月。

K⑩『福祉マンパワー対策――誰が福祉を担うのか』(編著)、第一法規出版、1992年1月。

K⑪『長寿社会の社会保障』堀勝洋共編、第一法規出版、1993年4月(長寿社会総合講座)。

K⑫『現代政治学レキシコン』(監修)、雄山閣、1993年6月。

K⑬『日本の政治と福祉』S・アンダースン、(監訳)、中央法規出版、1995年6月。

K⑭『高齢者のケアシステム』三友雅夫共編著、中央法規出版、1993年10月。

K⑮『戦後社会福祉の総括と21世紀の展望』一番ケ瀬康子他共編、ドメス出版、1999年1月。

K⑯『介護保険辞典』内藤佳津雄他共編、中央法規出版、1999年11月。

K⑰『介護保険六法〔平成12(〜30)年版〕』新日本法規出版、2000年3月(〜2018年3月)。

K⑱『高齢社会の福祉サービス』武川正吾共編、東京大学出版会、2001年5月。

K⑲『福祉の論点』小室豊允共監修、中央法規出版、2001年12月。

K⑳『改新版　社会福祉』小林雅彦・潮谷有二共編、2005年3月。

K㉑『医療ソーシャルワーカー新時代――地域医療と国家資格』村上須賀子共編、勁草書房、2005年4月。

K㉒『精神保健福祉士の基礎知識』岡上和雄・高橋一・寺谷隆子共編、中央法規出版、２００６年５月。

K㉓『自立支援制度辞典』佐藤徳太郎・高橋清久共監修、社会保険研究所、２００７年３月。

K㉔『在宅医療ソーシャルワーク』村上須賀子・永野なおみ共編著、勁草書房、２００８年５月。

K㉕『日本の人口減少社会を読み解く――最新データからみる少子高齢化』高橋重郷共編、中央法規出版、２００８年７月。

K㉖『アンデルセン、福祉を語る』（監修）、ＮＴＴ出版、２００８年12月。

K㉗『リハビリテーション辞典』伊藤利之・坂本洋一・中村隆一・松井亮輔・三澤義一共編、中央法規出版、２００９年10月。

K㉘『在宅医療辞典』井部俊子・開原成允・前沢政次共編、中央法規出版、２００９年11月。

K㉙『社会保障と経済』（1～3）宮島洋・西村周三共編、東京大学出版会、２００９年12月、２０１０年1月、２０１０年2月。

K㉚『社会保障と社会市場論』金子能宏共著、社会保険研究所、２０１０年2月。

K㉛『サービス付き高齢者向け住宅の意義と展望』（監修）、井上由起子・高橋正・深沢典宏・宮島渡・山田尋志著、大成出版社、２０１３年11月。

K㉜『社会保障の国際比較研究』西村周三・金子能宏共編、ミネルヴァ書房、２０１４年6月。

K㉝『（二訂）介護福祉士養成実務者研修テキスト』（全9巻）作成委員長、長寿社会開発センター、２０１９年３月。

K㉞『（二訂）介護福祉士養成初任者研修テキスト』（全3巻）作成委員長、長寿社会開発センター、２０１９年３月。

人名索引

事項索引

さ　行

た・な行

は　行

ま・や・ら・わ行

《著者紹介》

京極高宣（きょうごく・たかのぶ）

1942年　東京生まれ。
東京大学大学院経済学研究科博士課程専攻修了。
日本社会事業大学学長，国立社会保障・人口問題研究所所長を経て，
現　在　社会福祉法人浴風会理事長。社会保障・社会福祉学者。
国立社会保障・人口問題研究所名誉所長，日本社会事業大学名誉教授。
主　著　『生活保護改革と地方分権化』2008年，ミネルヴァ書房，
『障害福祉の父　糸賀一雄の思想と生涯』2014年，ミネルヴァ書房，
『社会保障の国際比較研究』（共著）2014年，ミネルヴァ書房，
『京極高宣著作集』（全10巻）2002-2003年，中央法規出版，
『社会保障と日本経済』2007年，慶応義塾大学出版会，
『（研究ノート）新しい社会保障の理論を求めて』2008年，社会保険研究所，
『福祉書を読む』2014年，ドメス出版，
『わが青春のマルクス主義』2019年，花伝社，
『（新版）福祉法人の経営戦略』2019年，中央法規出版，など多数。

現代福祉学の再構築
——古川孝順氏の「京極社会福祉学」批判に答える——

2020年3月30日　初版第1刷発行　〈検印省略〉

定価はカバーに
表示しています

著　者　京　極　高　宣
発行者　杉　田　啓　三
印刷者　江　戸　孝　典

発行所　株式会社　ミネルヴァ書房
607-8494 京都市山科区日ノ岡堤谷町1
電話代表（075）581-5191
振替口座 01020-0-8076

共同印刷工業・新生製本

ISBN978-4-623-08837-9
Printed in Japan